# Cent histoires illustrées

# Sommaire

*Adaptation :*
Sarah Courtauld, Susanna Davidson,
Katie Daynes, Rosie Dickins, Russell Punter,
Mary Sebag-Montefiore et Lesley Sims

*Illustrations :*
Lorena Alvarez, Poly Bernatene, Gabo León Bernstein,
Fred Blunt, Petra Brown, Simona Bursi, Stephen Cartwright,
Francesca di Chiara, Lee Cosgrove, Jana Costa, Ciaran Duffy,
Jacqueline East, Frank Endersby, Merel Eyckerman, Fabiano Fiorin,
Laure Fournier, Mike et Carl Gordon, Teri Gower,
Desideria Guicciardini, Daniel Howarth, Ann Kronheimer,
Qin Leng, Raffaella Ligi, Ali Lodge, Katie Lovell, Anna Luraschi,
Ben Mantle, Alan Marks, Rocío Martínez, Alida Massari,
Jan McCafferty, Paddy Mounter, Kelly Murphy, Eva Muszynski,
John Nez, Eugenia Nobati, Germano Ovani, Georgien Overwater,
Graham Philpot, Daniel Postgate, Jenny Press, Nathalie Ragondet,
Sara Rojo, Simona Sanfilippo, Kate Sheppard, Elisa Squillace,
Victor Tavares, Elena Temporin, Barbara Vagnozzi,
Emilie Vanvolsem et Matt Ward

Pour l'édition française : Traduction : Nathalie Chaput
Rédaction : Renée Chaspoul et Nick Stellmacher

# Avant-propos

Les histoires narrées dans cet ouvrage sont nées dans le vaste monde. Pour certaines, il y a des milliers d'années de cela. D'autres n'ont que quelques siècles. Elles ont pourtant une chose en commun : elles captent l'imagination de ceux qui les lisent et restent dans leur mémoire longtemps après que les pages ont été tournées.

Tu en connais sans doute quelques-unes, mais sais-tu que des cultures diverses, séparées par des milliers de kilomètres et des centaines d'années, partagent des lectures identiques ? Les contes, mettant en scène des héros courageux, confrontés au mensonge, à la malveillance, à la vengeance, aux maléfices et à la magie, plaisent à tous.

Alors, envolons-nous sur un tapis magique et partons explorer ces terres lointaines ! Nous combattrons des sorciers et des géants, rencontrerons des princes et des princesses et découvrirons des secrets profondément enfouis.

Es-tu des nôtres… ?

# Il était une fois...

# Les habits neufs de l'empereur

Il était une fois un empereur qui aimait tant les beaux habits qu'il ne pensait à rien d'autre. Il ignorait les affaires du royaume et évitait ses conseillers, préférant essayer des chemises à jabot et à frousfrous, de curieux pantalons, et s'admirer devant la glace.

Un jour, deux étrangers se présentèrent à lui.

« Nous fabriquons les étoffes les plus fines du monde, dirent-ils d'une voix mielleuse. En réalité, nos tissus sont d'une telle finesse qu'il faut une grande intelligence pour les voir.

– Vraiment ? demanda l'empereur.

– Oh oui ! dirent les deux hommes. Ils sont invisibles aux gens stupides et à ceux qui ne font pas leur travail correctement. »

L'empereur se frotta le menton. « Ce doit être des tissus étonnants ! gloussa-t-il. Présentez-moi une nouvelle tenue immédiatement ! Je la porterai lors de ma prochaine procession. Je la veux éblouissante, et que mes sujets s'en souviennent longtemps !

– Elle va coûter beaucoup d'argent, l'avertirent les hommes.

– Qu'importe ! » s'emporta l'empereur, en leur tendant un sac plein de billets.

Plusieurs jours passèrent, puis les deux hommes, en grande fanfare, présentèrent des habits neufs à l'empereur…

Celui-ci resta interdit. Il ne voyait rien, rien du tout ! « Quel misérable empereur suis-je donc ! » pensa-t-il en son for intérieur. Néanmoins, il s'écria : « Merveilleux ! »

Tout tremblant, il fit alors mine d'enfiler la tenue invisible. Les escrocs s'appliquèrent à glisser des boutons invisibles dans des boutonnières invisibles et à nouer des rubans invisibles.

« De quoi ai-je l'air ? » demanda l'empereur.

Ses conseillers se dévisagèrent. Eux non plus ne voyaient rien, mais ils n'osaient pas l'avouer.

« Vous êtes magnifique ! » s'exclamèrent-ils.

Ce fut ainsi que l'empereur marcha en tête de la procession. Ses fidèles sujets s'étaient rassemblés en grand nombre pour admirer sa nouvelle tenue. Tous savaient que seuls les gens intelligents pouvaient la voir. « Extraordinaire », chuchotaient-ils, admiratifs… jusqu'à ce qu'une voix fluette s'échappât de la foule.

« Oh ! s'étonna un jeune garçon, l'empereur n'a pas d'habits sur lui ! »

Soudain, la foule y regarda à deux fois. « Il a raison », admit-elle d'une seule voix en se gaussant bien fort. « L'empereur n'a pas d'habits ! »

L'empereur baissa les yeux pour s'en assurer, puis il rougit de la tête aux pieds. « Ils m'ont berné ! » comprit-il, trop tard. Mais, puisqu'il devait mener la procession, il releva la tête et avança fièrement parmi ses sujets.

« Au moins, ils se souviendront longtemps de ma tenue de cérémonie », soupira-t-il.

# Le rat de ville et le rat des champs

Un rat de ville, nez au vent, mit ses pattes dans ses poches et partit à l'aventure en sifflotant le long des chemins de campagne. Il arriva finalement devant une porte à moitié cachée par le lierre et bien dissimulée dans une haie. Il frappa.

« Surprise ! » dit-il à son cousin des champs, qui soulevait le loquet. « Je m'invite chez toi quelques jours !

– Fêtons cela ! » s'enthousiasma le rat des champs. Il rassembla des noix et des baies, versa de la rosée dans des tasses et disposa des rayons de miel sur une assiette en jonc.

Toutefois, le rat de ville renifla l'air et s'écria : « Ce n'est pas du tout mon idée d'une fête réussie ! » Il repoussa une baie d'une chiquenaude et ajouta : « Où vais-je dormir ? » Puis, en désignant d'un doigt dégoûté le matelas en mousse de son cousin, il continua : « Pas là !

– C'est mon lit… commença le rat des champs.

– Non, non, c'est impossible, déclara le rat de ville. J'en ai assez de la campagne ! Allons plutôt en ville. Nous y mènerons une vie de roi. »

Les rats se précipitèrent à la gare, où ils sautèrent à bord d'un train. Dans un bruit infernal de cliquetis, la voiture avança en cahotant sur les rails.

Le rat des champs ne pouvait détacher son regard de la fenêtre. Les troncs élancés des arbres firent bientôt place aux maisons, l'air pur à la fumée et à l'odeur des saucisses grillées.

« Nous y voilà, nous y voilà ! » criait le rat de ville, tout excité.

Ils trottinèrent dans la gare, cherchant par tous les moyens à éviter les pieds des usagers.

« Ils sont si nombreux… » pensait le rat des champs, effrayé, le cœur prêt à exploser.

Ils coururent le long des trottoirs sales, croisèrent les bus crachotants et les voitures vrombissantes, et arrivèrent devant une grande maison.

« Impressionné ? » demanda le rat de ville en montrant le bâtiment de la patte.

« Drôlement, admit son cousin.

– Maintenant, poursuivit le rat de ville, je vais te montrer ce qu'est une vraie fête. »

Il l'entraîna vers la salle à manger, où se trouvait une table qui croulait sous les victuailles. Les yeux du campagnard s'agrandirent d'étonnement. Les deux compères se mirent à festoyer… de glaces, de tartes, de chocolat, de fromage, d'énormes tranches de gâteaux recouverts de crème à la framboise.

Le rat des champs se tenait le ventre et fermait les yeux de plaisir. « Quel délice, murmura-t-il, je voudrais que cela ne s'arrête jamais !

– Vraiment ? ronronna une voix à son oreille.

– Oh non ! hurla le rat de ville. Voilà le chat. »

Les deux rats s'enfuirent dans une belle débandade, le chat affamé sur leurs talons.

« Vite ! appela le rat de ville, dans le trou.

– Oh ! mes pattes ! Oh ! mes moustaches ! » se plaignit le rat des champs en se laissant tomber par terre. « S'il te plaît, je veux rentrer chez moi. »

Ils retournèrent dare-dare à la gare en évitant du mieux qu'ils le pouvaient les pieds des passants. Le rat des champs bondit dans le train. Il regarda par la fenêtre et fit un signe à son cousin. « Au revoir ! Au revoir ! »

Le rat de ville cavala derrière le train. « Reste avec moi ! » insista-t-il encore.

Le rat des champs, imperturbable, secoua la tête.

Le train s'ébranla et laissa la ville derrière lui. Enfin, à la nuit noire, le voyageur retrouva sa haie. Tout était calme et paisible. Il sentit l'air froid et fruité, et sourit béatement.

« Mieux vaut manger des noix et des baies en sécurité que du gâteau et de la crème tout angoissé, comprit-il. Ma vie est ici. »

# La Belle et la Bête

Jadis, un marchand avait trois filles. L'aînée et la cadette étaient mesquines et égoïstes, mais la benjamine était si jolie qu'elle était prénommée la Belle.

Quand la Belle eut dix-sept ans, son père s'absenta pour ses affaires. « Je vous rapporterai des cadeaux, dit-il. Qu'est-ce qui vous ferait plaisir ?

– Je veux des perles, exigea l'aînée.

– Moi, des diamants me conviendraient bien, renchérit la cadette.

– Mon petit papa, je veux que tu reviennes vite et que ton voyage se passe bien, souhaita la Belle.

– Mais je veux t'offrir un cadeau à toi aussi, insista le père.

– Dans ce cas, puis-je simplement avoir une rose rouge ? » demanda la Belle.

Son père lui sourit affectueusement, sans remarquer l'air moqueur des deux aînées. Il ne se doutait pas qu'elles étaient jalouses de la Belle, de sa beauté et de sa bonté.

Des mois passèrent. Sur le chemin du retour, le marchand se trompa de route. Il avait sur lui les perles et les diamants destinés aux aînées, mais il n'avait trouvé nulle part de rose rouge. Épuisé par son voyage, il fut content d'arriver devant l'entrée d'un château.

Au moment de franchir le seuil, il sentit des mains invisibles le porter à l'intérieur et le mener vers une table chargée de mets fins et délicieux. Il se régala, puis les mains le conduisirent à une chambre splendide. Il n'avait jamais connu un tel confort.

Le lendemain, après le petit déjeuner, en se promenant dans les jardins, il découvrit un rosier couvert de merveilleuses roses rouges.

« C'est mon cadeau pour la Belle, pensa-t-il, je suis sûr que personne ne dira rien si je cueille une seule rose », et il cassa net la tige de la plus gracieuse d'entre elles.

À peine l'eut-il effleurée qu'une voix rugit : « Après tout ce que tu as reçu, comment oses-tu voler une seule de mes fleurs ? »

Le marchand se retourna brusquement et ce qu'il vit le fit frémir d'horreur. Devant lui se tenait une bête hideuse, aux membres couverts de poils drus, aux cornes acérées et aux crocs pointus.

« Ce n'est… ce n'est qu'un cadeau pour ma fille, bégaya-t-il.

– Je t'accorde ma rose, tonna la Bête, si tu promets de m'envoyer celui ou celle qui viendra en premier saluer ton retour. »

Le marchand songea : « Ce sera sûrement mon chien. » Imaginant tristement son fidèle compagnon accourir joyeusement vers lui, il dit tout haut : « Je le promets. »

Mais ce fut la Belle qui l'accueillit avant tous les autres.

« Oh non ! murmura le marchand.

– Pourquoi as-tu dit cela, papa ? Quelle rose splendide ! »

Il serra fort sa fille contre son cœur et lui raconta ses mésaventures en ajoutant : « Tu n'iras pas chez ce monstre.

– Mais il le faut. Tu as promis », dit doucement la Belle.

Ses sœurs qui, en secret, se réjouissaient que la Belle fût envoyée au château de la Bête, approuvèrent.

La Belle s'en fut bravement.

À son arrivée, un orchestre jouait un air mélodieux, un banquet somptueux l'attendait et des salles tendues de soies éclatantes avaient été préparées. Jusqu'au soir, il n'y eut aucun signe de la Bête. Mais, comme elle s'asseyait pour dîner, les portes de la salle à manger s'ouvrirent.

C'était la Bête. La Belle faillit s'évanouir. Elle

était encore plus terrifiante que dans la description de son père. La Bête demanda poliment : « Puis-je me joindre à vous ? »

Un frisson de dégoût parcourut la Belle, qui se força pourtant à répondre : « Oui. »

Cependant, la conversation de la Bête fut si captivante que la peur de la jeune fille s'envola bientôt. Apaisée, elle se laissa charmer.

Des semaines s'écoulèrent. La Bête était prévenante, gentille, douce et avait toujours des histoires drôles à raconter. Elles discutaient en prenant leurs repas, se faisaient la lecture ou se promenaient dans les jardins.

Elles finirent par passer des jours entiers ensemble.

Un jour, la Bête demanda à la Belle : « Veux-tu m'épouser ? »

La première réponse qui vint à l'esprit de la Belle fut : « Pouah, tu es vraiment trop laide ! »

Mais elle se contenta de répondre : « C'est impossible. » Quand elle vit les yeux de la Bête se remplir de larmes, elle ajouta : « Je suis désolée. »

Cette nuit-là, elle fit un cauchemar. Son père se mourait pendant que ses sœurs, trop occupées à leurs essayages, le délaissaient. Au matin, l'angoisse l'avait envahie. Elle était si triste que la Bête la laissa rentrer chez elle.

« Reviens-moi vite, s'il te plaît, implora-t-elle.

– Je te le promets », jura la Belle.

Son père fut ravi de la revoir. Il se portait bien, mais pas un jour n'avait passé sans qu'il ne pense à elle. Il avait été rongé par l'inquiétude et le remords.

Quant à ses sœurs, elles dissimulaient mal leur fureur sous des cris de joie.

Elles échafaudèrent donc un plan. « Si la Belle ne retournait pas au château, murmuraient-elles,

la Bête serait furieuse et la punirait, car elle n'aurait pas tenu sa promesse. Faisons semblant de vouloir la garder avec nous tant elle nous aura manqué ! »

La Belle resta donc un peu… puis longtemps. Elle aimait être chez elle, auprès des siens. Cependant, ses pensées se tournaient malgré elle vers la Bête, sa gentillesse et la façon qu'elle avait de la faire rire.

« Je voudrais la revoir, se surprit-elle à espérer, un soir. Je voudrais m'assurer qu'elle est en bonne santé et heureuse. »

À cet instant, elle se sentit vivement emportée dans les airs et se retrouva au château, dans les jardins familiers. Là, elle vit la Bête, allongée sur le sol, gémissante, les yeux fermés.

Elle agonisait.

« La Bête ! » s'exclama la Belle. Elle courut vers le monstre, s'agenouilla à ses côtés et lui caressa la joue. Elle ne voyait plus sa laideur, car elle l'aimait. Elle ressentait cet amour au plus profond de son cœur.

« Tu n'as pas tenu ta promesse... haleta la Bête.

– Mais je suis là, sanglota la Belle. Comment puis-je réparer ?

– Épouse-moi », dit la Bête dans un souffle.

La jeune fille embrassa son front. « Oui, de tout mon cœur. »

À ces mots, le corps hideux du monstre disparut. Il fit place à un prince élégant.

« Oh ! la Belle, merci ! J'étais ensorcelé, lui expliqua-t-il. Il y a bien des années de cela, un magicien maléfique m'a transformé en monstre, en déclarant que ce serait pour la vie. »

Le prince poursuivit en souriant : « Mon seul espoir d'être sauvé était qu'une belle jeune fille me donne un baiser et promette de m'épouser. Jamais je n'aurais pu penser que cela arrive ! »

Quelques jours plus tard, les jeunes gens étaient mariés. Ils vécurent heureux toute leur vie. Même les sœurs de la Belle trouvèrent un époux, et leur jalousie cessa enfin. Et dans son grand âge, leur père eut la joie d'assister au bonheur de sa plus jeune fille avec son prince.

# Le tapis magique

La princesse Nourounnihar était bien indécise. Trois princes l'avaient demandée en mariage, mais lequel choisir ? Elle décida de leur lancer un défi. « J'épouserai celui qui me rapportera le plus rare des trésors ! » déclara-t-elle.

Alors les princes coururent le vaste monde. Le prince Ali découvrit un télescope magique en ivoire, qui montrait à son observateur ce qu'il désirait voir. Le prince Ahmed acheta une pomme au doux parfum, qui pouvait soigner n'importe quelle maladie. Quant au prince Hasan, il rencontra une belle jeune femme, qui lui donna un tapis volant.

Pendant qu'il filait à toute allure dans l'azur, il aperçut Ali et Ahmed. Ils avaient l'air contrarié.

« Que se passe-t-il ? » les interpella-t-il.

Ali tendit son télescope en ivoire et répondit : « J'ai vu la princesse. Elle est gravement malade !

– Ma pomme pourrait la guérir si nous arrivions à temps, ajouta Ahmed.

– Vous n'avez qu'à monter ! » offrit Hasan.

Quelques minutes plus tard, ils étaient au palais. Nourounnihar était très pâle. Dès qu'elle eut senti les effluves de la pomme, ses joues rosirent.

Pourtant, bien que sauvée par les trois princes, Nourounnihar n'arrivait toujours pas à se décider. Elle leur soumit donc un autre défi. « Qui tirera le plus loin avec un arc ? » interrogea-t-elle.

Sans plus attendre, les princes saisirent leur arc et décochèrent une flèche. Celle d'Ahmed alla loin, mais celle d'Ali se ficha plus loin encore. Enfin ce fut le tour d'Hasan. Sa flèche monta haut dans l'air et… disparut.

« Déclare forfait, intima Ali. Qui peut dire où elle est retombée ? J'ai donc gagné ! » Il s'agenouilla devant la princesse : « Voulez-vous m'épouser ?

– Oui », répondit Nourounnihar, en rougissant.

Ahmed détourna pudiquement le regard et ses yeux rencontrèrent ceux d'une jolie jeune fille, qui lui souriait timidement. « Je la trouve encore plus belle que la princesse Nourounnihar », pensa-t-il.

« Puis-je vous présenter ma sœur », dit à cet instant Nourounnihar.

Ce fut un coup de foudre réciproque entre Ahmed et la jeune fille. Ahmed, ravi, déclara : « Tout est pour le mieux dans le meilleur des mondes. »

Seul Hasan, sur son tapis volant, était seul. À son grand étonnement, il n'en ressentait aucune tristesse, car il ne pouvait chasser de son esprit la jeune femme qui lui avait offert le tapis magique.

« Je voudrais tant la revoir ! » soupira-t-il.

Il n'avait même pas fini de parler que le tapis s'ébranlait et commençait à s'élever. Il sauta dessus et ils survolèrent les toits, les arbres et les sables dorés du désert pour atterrir à côté d'un visage familier. Le cœur d'Hasan fit un bond.

« Vous ! s'exclama-t-il. Êtes-vous une fée ?

– Oui, concéda-t-elle. Pardonne-moi, j'ai détourné ta flèche. Je ne pouvais pas te laisser l'emporter, car la princesse est amoureuse d'Ali.

– J'en suis heureux, admit Hasan, puisque cela me donne l'occasion de vous revoir, ajouta-t-il en rougissant. Voulez-vous m'épouser ? »

Le visage de la fée s'éclaira d'un joyeux sourire. « Rien ne me ferait plus plaisir, avoua-t-elle. Nous vivrons tous heureux pour le restant de nos jours, et c'est bien là la plus extraordinaire des magies. »

# L'oie aux œufs d'or

Émilie et Daniel vivaient dans une petite ferme située tout en haut de la montagne. Ils étaient pauvres, mais heureux. Leur chèvre leur donnait du bon lait crémeux, leurs poules et leurs oies, des œufs bien frais.

Tous les matins, Daniel se levait de bonne heure, ramassait les œufs et descendait les vendre au village. Mais, un matin, tandis qu'il tâtait la paille pour chercher les œufs, il sentit quelque chose de froid et de lourd, et il sortit un œuf à nul autre pareil.

Interloqué, il se frotta les yeux. Il ne pouvait croire ce qu'il voyait. Quel drôle d'œuf !

Il apporta l'étrange chose sur la table de la cuisine. Émilie non plus ne pouvait pas détacher son regard de la trouvaille.

« On dirait de l'or, dit lentement Émilie, mais ce n'est pas possible…? »

Il n'y avait qu'une façon de le savoir. Daniel prit l'œuf et se rendit chez l'orfèvre du village. Celui-ci regarda attentivement l'objet, donna un léger coup de marteau sur la coquille et le rendit avec un sourire.

« Ça, dit l'orfèvre, c'est de l'or pur. Je vous en donne cent pièces d'or. »

Daniel, la tête dans les nuages, prit le sac de pièces – c'était plus d'argent qu'il n'en avait jamais vu de toute sa vie – et déambula dans les rues du village. Il acheta une robe, des chaussures et un chapeau pour Émilie.

Puis, les bras chargés de cadeaux, il courut chez lui. Émilie fut enchantée.

Enfin, la fortune leur souriait. Elle enfila ses nouveaux habits et se mit à danser autour de la cour.

Le lendemain matin, Daniel, inquiet, se dirigea vers le poulailler. Qu'allait-il trouver ? Mais, niché dans le creux de la paille, à côté d'une oie blanche tout à fait ordinaire, il y avait un autre œuf. Il brillait d'un bel éclat doré.

« C'est extraordinaire ! » s'écria Daniel. Il courut jusqu'au village, se rendit chez l'orfèvre et lui vendit l'œuf. Le lendemain matin, l'oie avait pondu un troisième œuf d'or pur, et elle fit de même les jours suivants.

En peu de temps, Daniel et Émilie amassèrent une fortune. C'était au-delà de leurs rêves les plus fous. Ils s'achetèrent de beaux vêtements, embauchèrent des gens pour travailler à leur place sur la ferme et déménagèrent. Ils résidaient dorénavant dans une maison plus grande, avec un verger immense.

Au début, leur nouvelle vie leur sembla parfaite. Toutefois, au bout de quelque temps, ils trouvèrent leur logis bien humble.

« Il nous faudrait davantage de pièces, soupira Émilie. À peine quinze, ce n'est pas assez. Il en faut une pour mes robes, une pour nos livres, une pour mes instruments de musique, une pour dormir, une pour tes instruments de musique et au moins trois pour y loger nos serviteurs… »

Daniel regarda autour de lui et constata que leur maison, qui leur paraissait spacieuse il y a peu de temps, était en fait minuscule.

« Eh, bien ! nous allons déménager, dit-il en fronçant les sourcils. Ce qu'il nous faut, c'est une demeure à notre mesure, très grande, avec un parc immense, de façon que nos voisins ne puissent pas nous épier constamment. Cela devrait pouvoir se trouver. »

Émilie et Daniel réfléchirent longuement et conclurent qu'ils avaient besoin d'au moins cinquante pièces.

« C'est décidé, dit Émilie, il faut maintenant déménager au plus vite !

– Mais c'est impossible, constata Daniel, l'air sombre, nous n'avons pas assez d'argent. »

Daniel et Émilie se dirigèrent vers le poulailler. Ils baissèrent les yeux sur la petite oie blanche.

« Si elle continue à ne nous donner qu'un seul œuf par jour, constata Daniel, il nous faudra des années pour réussir à obtenir la maison de nos rêves.

– La plupart des oies pondent deux, trois ou quatre œufs par jour, renchérit Émilie. Pourquoi pas cette oie ? »

L'oie leva les yeux vers le couple. Contrariés, Émilie et Daniel lui lancèrent un regard furieux.

« Il n'y a pas de solution. Nous devons nous en contenter », soupira enfin Émilie.

Mais, le lendemain, alors qu'ils prenaient le petit déjeuner, Daniel se leva brusquement de table.

« Si l'oie pond tous les jours un œuf d'or, commença-t-il, d'où vient cet or ? »

Émilie, perplexe, regarda Daniel.

« Ne comprends-tu pas ? dit-il. L'or se trouve dans le ventre de l'oie.

– Bien sûr ! s'écria Émilie.

– Alors, nous n'avons qu'à nous servir… »

Ils se précipitèrent vers le poulailler. Émilie s'empara de l'oie, Daniel lui donna un coup sur la tête et la tua.

« Nous allons trouver plus d'or que nous n'en avons jamais vu », murmurait Daniel, pendant qu'il ouvrait l'oie. Pourtant sa joie fut de courte durée. Il n'y avait pas d'or dans le ventre de l'oiseau.

Émilie, furibonde, se tourna vers lui : « Daniel, qu'as-tu fait ?

– Ce n'est pas moi qui voulais absolument une nouvelle maison ! se défendit Daniel.

– Et ce n'est pas moi qui ai eu l'idée géniale de tuer l'oie ! » rétorqua Émilie.

Ils se disputèrent ; le lendemain, ils se disputaient toujours, le surlendemain, aussi… ainsi que les jours suivants.

Sans l'oie aux œufs d'or, Émilie et Daniel ne tardèrent pas à être aussi pauvres qu'auparavant. Sauf qu'au lieu d'être heureux, ils étaient à présent complètement effondrés.

Tous les matins, Daniel, en colère contre sa bêtise, allait au poulailler. Il sortait les œufs de la paille et, à chaque fois, son cœur battait plus fort dans l'espoir d'en trouver un en or pur. Mais cela n'arriva jamais plus.

# Osebo le léopard et le dieu du Ciel

Osebo le léopard possédait le meilleur tambour de toute l'Afrique. Sa musique, puissante et mélodieuse, imitait à la perfection le rythme de la forêt, les pulsations de la terre et la chaleur de la savane. Ses airs pouvaient être violents ou délicats, sourds ou sonores. Boum-di-di-boum, faisait-il, et même les lucioles dansaient dans la nuit.

Tous voulaient s'approprier le tambour d'Osebo. Python, Éléphant et Tortue aussi, mais Osebo refusait de céder son instrument fétiche.

« Et moi ? sollicita Nyamé, le dieu du Ciel. Laisse-moi en jouer !

– Non, refusa catégoriquement Osebo. Il est à moi. »

Nyamé était patient. Il attendait

son heure, mais Osebo ne laissait jamais le tambour sans surveillance.

« Je donne une récompense au premier animal qui réussira à m'apporter le tambour, promit Nyamé.

– Je vais essayer », dit Python.

Il rampa jusqu'à Osebo. « Puis-je le voir ? demanda-t-il.

– Non ! » feula Osebo, en montrant ses griffes. Python s'en retourna.

« Osebo ne me fait pas peur », affirma Éléphant.

Il découvrit Osebo, perché dans un arbre, en train de jouer du tambour.

« Va-t'en ! » grogna-t-il. Éléphant chargea. Il se précipita, tête la première, sur l'arbre. Il le secoua si bien que les feuilles tombèrent toutes en pluie autour de lui. Mais Osebo, bien accroché, ne bougeait pas.

« J'ai échoué, avoua Éléphant à Nyamé. Pardonne-moi.

– Je vais voir ce que je peux faire », dit Tortue. En ce temps-là, les tortues n'avaient pas de carapace ; leur corps était mou.

Les autres animaux se moquèrent. « Osebo ne fera qu'une bouchée de toi, pouffèrent-ils.

– Nous verrons bien », répondit Tortue.

Elle trouva Osebo dans l'arbre. « Alors, Osebo, cria-t-elle. Tu te vantes d'avoir le meilleur tambour de toute la savane. Pourtant tu n'as pas vu celui de Nyamé.

– Que me racontes-tu là ? interrogea Osebo. Nyamé n'a pas de tambour.

– Oh que si ! railla Tortue. Il est ÉNORME. Si gros que, lui, il peut se cacher dedans.

– Peuh, ce n'est rien, moi aussi je peux le faire !

– Je ne te crois pas », dit Tortue.

En moins de temps qu'il ne faut pour le dire, Osebo bondit de l'arbre et rampa dans le tambour. « Facile ! » lança-t-il.

Tortue se saisit aussitôt du couvercle dont se servait Osebo pour fermer sa marmite, et en boucha le trou du tambour. Puis elle fit rouler l'instrument, avec son prisonnier, jusqu'au dieu du Ciel.

« Je l'ai ! Je l'ai ! » s'écria Nyamé.

Enfin, Osebo, tout chamboulé et hébété, s'extirpa du tambour. « Tu peux le garder ! s'exclama-t-il.

– Et toi, Tortue, quelle récompense puis-je t'accorder ? s'enquit Nyamé.

– Je voudrais une carapace, répondit Tortue. Une carapace aussi résistante qu'un tambour afin que rien ni personne ne puissent l'endommager. »

C'est ainsi que, depuis ce temps, les tortues ont une carapace.

Quant au dieu du Ciel, il ne se sépare jamais de son tambour.

Il aime tellement en jouer que, parfois, quand le temps est à l'orage, tu peux l'entendre. Ses airs peuvent être violents ou délicats, sourds ou sonores...

# L'oiseau de feu

Loin, bien loin au-delà des mers, régnait un roi riche et puissant. Ses jardins étaient constellés d'arbres argentés, aux fleurs de rubis, d'émeraudes et de diamants. Au milieu, se tenait le plus précieux de tous ses arbres, un pommier qui donnait des pommes d'or pur. Un matin, le roi s'aperçut qu'une pomme d'or manquait.

« Trouvez le voleur ! » implora-t-il ses fils.

Ainsi, chacun à leur tour, de l'aîné au benjamin, ils veillèrent. Aucun d'entre eux ne dormait de la nuit, mais, immanquablement, l'aube les trouvait assoupis et une pomme manquait. Finalement, ce fut le tour du plus jeune, le prince Ivan.

Pour rester éveillé, il se mit à chanter. Toute la nuit, il entonna ainsi des chansons. Quand, soudain, le ciel s'embrasa, il crut que le matin était arrivé. Mais il s'aperçut bientôt que ce qu'il avait pris pour les premières lueurs de l'aube était dû à l'éclat d'un magnifique oiseau au corps de charbons ardents et aux plumes enflammées. L'oiseau de feu fondit aussitôt sur l'arbre et arracha une pomme d'or avec son bec. Le prince Ivan chercha à l'attraper, mais le corps de l'oiseau était brûlant.

Il alla vite raconter à son père ce qu'il avait vu.

« Je veux cet oiseau », déclara le roi.

Le prince Ivan enfourcha son cheval et traversa des terres désolées et des rivières gelées jusqu'à une forêt enneigée. Ce fut là que, jaillissant de l'obscurité, un grand loup à la fourrure argentée s'interposa.

Il bondit à la gorge du cheval et, d'un coup de dent, le força à terre.

Le prince ne put réprimer ses sanglots.

« Comment vais-je trouver l'oiseau de feu sans mon cheval ? » reprocha-t-il au loup.

Penaud, le loup à la fourrure argentée secoua la tête et dit : « Je suis désolé, mais j'étais affamé. Grimpe sur mon dos et je te conduirai à l'oiseau de feu. »

Le prince Ivan enfourcha l'animal. Il s'agrippa comme il le put à sa fourrure et ils s'élancèrent dans l'air glacial. Ils survolèrent des collines enneigées jusqu'à la nuit, puis le loup se posa doucement non loin des murs d'un imposant château.

Quelque chose voleta au-dessus de l'enceinte. Le prince Ivan n'aperçut qu'un éclair de plumes rouges, mais il s'exclama : « L'oiseau de feu ! » Il se précipita pour l'attraper. Cette fois, indifférent aux brûlures de ses mains agrippées aux plumes, il se cramponna à l'oiseau de toutes ses forces.

« Ne me tue pas ! implora l'oiseau de feu.

– Je n'en ai pas l'intention, le rassura Ivan. Mon père veut te mettre dans une cage dorée.

– Mais je veux rester libre », le supplia l'oiseau.

Pris de pitié, le prince Ivan desserra son étreinte et dit : « Envole-toi. »

Pendant un court instant, l'oiseau de feu resta immobile, puis, arrachant une longue plume de son plumage enflammé, il dit : « Prends cette plume. Elle te protégera. » Puis il s'envola.

Le prince Ivan, sur le point de rebrousser chemin, entendit soudain un rire cristallin s'échapper du château. Intrigué, il commanda au loup de bondir par-dessus les murs. Ils se posèrent dans un jardin agrémenté de rosiers et de statues.

Là, douze élégantes jeunes filles dansaient. Elles furent rejointes par une princesse dont la beauté était à nulle autre pareille.

« Je t'en prie, va-t'en, l'avertit-elle. Nous sommes prisonnières. Le château appartient à Kastcheï l'Immortel, un sorcier maléfique. S'il te trouve, il te changera en pierre, exactement comme les autres », ajouta-t-elle en désignant les statues, si réalistes, du jardin.

À cet instant, la porte du château s'ouvrit brusquement. Kastcheï, accompagné d'une centaine de démons qui tourbillonnaient autour de sa cape écarlate, apparut.

Ivan sortit son épée et se rua sur lui. Kastcheï leva simplement les bras. « N'espère pas me tuer, ricana-t-il. Je n'ai pas de cœur, je l'ai arraché de mon corps et mis à l'abri. »

Le prince Ivan, horrifié, baissa les yeux. Trop tard, ses membres s'engourdirent, un picotement glacial parcourut ses pieds et ses jambes. « Je me pétrifie », constata-t-il avec effroi.

Vite, il sortit de sa cape la plume confiée par l'oiseau de feu.

Elle voleta à ses pieds et il se réchauffa à son contact. Il pouvait de nouveau bouger.

« Je sais où il a caché son cœur, murmura alors le grand loup argenté. Il est dans le coffret enterré sous la souche du vieil arbre. » À ces mots, il sauta à la gorge de Kastcheï.

Pendant que le loup luttait avec le sorcier, Ivan courut vers la souche. Il déterra le coffret, s'empara de l'œuf qui était à l'intérieur et le secoua. Kastcheï poussa un cri, alors qu'il était projeté d'un côté et de l'autre, tout comme son cœur.

« Arrête ! hurla-t-il. Je t'en supplie, je t'accorde tout ce que tu désires. »

Mais le prince Ivan lança l'œuf en l'air et… il s'écrasa sur le sol en mille morceaux. Kastcheï disparut, ne laissant qu'une volute de fumée noire dans l'air. Au même instant, toutes les statues du château s'animèrent.

« Viens avec moi », dit Ivan à la princesse, en lui tendant la main.

Sans dire un mot, elle la prit et ils grimpèrent sur le dos du grand loup argenté.

Au soir, Ivan aperçut les lumières de son palais. Le roi se précipita au devant de son fils. « Je croyais ne jamais te revoir ! » s'écria-t-il.

Le prince Ivan et la princesse se marièrent dans les jours qui suivirent. Quant à l'oiseau de feu, s'il venait toujours se régaler d'une pomme d'or dans le jardin, c'était dorénavant avec l'assentiment du roi en personne.

# Le fils du meunier et la sirène

Il était une fois le fils d'un meunier misérable, qui demeurait au bord de la rivière. Un jour, alors qu'il coupait des roseaux, le couteau lui glissa des mains et – plouf ! – il tomba dans l'eau cristalline et scintillante.

« Comment vais-je le récupérer ? » se lamenta-t-il.

Quelques instants plus tard émergeait une sirène à la longue chevelure ondulante. Elle tenait un couteau en or. « Est-ce à toi ? » demanda-t-elle. Le garçon le regarda longuement, puis finit par secouer la tête.

La sirène sortit alors un couteau en argent.

« Est-ce à toi ? » Le garçon secoua encore la tête. Elle sortit enfin un couteau tout rouillé. Le garçon acquiesça. « C'est le mien, merci ! »

À sa grande surprise, la sirène disposa les trois couteaux sur la berge. « Je te félicite pour ton honnêteté », dit-elle, un grand sourire aux lèvres, avant de plonger dans les profondeurs.

Les yeux du meunier s'illuminèrent quand il vit les couteaux et entendit l'histoire de son fils. « Voilà de l'argent facilement gagné », gloussa-t-il. Et il courut lancer son couteau dans l'onde.

« Oh non ! comment vais-je le récupérer ? » s'écria-t-il bien haut.

Une fois encore, une sirène apparut, tenant un couteau en or dans ses mains. « Est-ce à toi ? » s'enquit-elle. Avide, le meunier s'empressa de hocher la tête en tendant le bras – mais la sirène fut plus rapide.

« Le mensonge est un vilain défaut », dit-elle, et elle plongea loin devant le meunier bredouille.

« J'aurais dû le savoir, soupira ce dernier. L'honnêteté est toujours récompensée. »

# L'énorme navet

Il était une fois, il y a fort longtemps, un fermier qui habitait avec son épouse et leur fils dans une petite ferme. Un matin, le fermier se réveilla, se gratta la tête et annonça : « J'ai grand faim, je vais aller déterrer un navet. »

Il tourna autour du potager, scruta le carré de légumes et se décida pour un grand et gros navet dont les feuilles vertes dépassaient largement toutes les autres. Il empoigna les feuilles et tira. Rien ne se produisit. Il tira un peu plus. Toujours RIEN. Il se baissa et, les pieds solidement ancrés dans la terre, ho ! hisse ! tira de toutes ses forces. Le légume ne bougea toujours pas. « Est-ce que tout va bien ? s'enquit sa femme.

– Pas vraiment, répondit le fermier. Je ne peux pas déterrer ce navet. »

La fermière s'accrocha à son mari, cramponné aux feuilles et, tous les deux, dans un bel effort, ils tirèrent… Le navet ne bougea pas d'un pouce.

Leur fils, qui les voyait souffler et peiner, arriva. « Je vais vous aider », dit-il.

Agrippé à la robe de sa mère, qui était accrochée à son mari, lequel était cramponné aux feuilles du navet, ils tirèrent tous ensemble. Le navet resta en place.

« Oua ! ouah ! » aboya leur chien. Ce qui signifiait « Je vais vous aider. »

Attrapant la chemise du garçon, qui agrippait la robe de sa mère, laquelle était accrochée à son mari,

qui était cramponné aux feuilles du navet, ils tirèrent tous ensemble. Mais le navet resta solidement planté dans le sol.

« Miaou ! » miaula leur chat.
Ce qui signifiait « Je vais vous aider. »

Plantant ses griffes dans la queue du chien, qui attrapait la chemise du garçon, qui était agrippé à la robe de sa mère, laquelle était accrochée à son mari, qui était cramponné aux feuilles du navet, ils tirèrent tous ensemble. Le navet ne trembla même pas.

Alors qu'ils étaient en sueur, épuisés et irrités, un petit oiseau vint à passer. « Cui-cui ! » chanta-t-il.
Ce qui signifiait « Je vais vous aider. »

« Allons, une dernière fois », haleta le fermier, à bout de souffle.

Picorant la queue du chat, qui plantait ses griffes dans la queue du chien, lequel attrapait la chemise du garçon, qui était agrippé à la robe de sa mère, laquelle était accrochée à son mari, qui était cramponné aux feuilles du navet, ils tirèrent tous ensemble, de toutes leurs forces, autant qu'ils le pouvaient…

Alors, lentement, peu à peu, le navet bougea.

« Il est ÉNORME ! s'écria le fermier.

– Il est MONSTRUEUX ! » surenchérit sa femme.

POP ! fit soudain le légume en sortant de terre. Tout le monde bascula et se retrouva jambes et pattes par-dessus tête dans le carré de légumes.

« Quel navet ! dit, admiratif, le fermier. Il est si gros que nous pourrons en manger tous pour le reste de l'année. » Ce qu'ils firent.

# Le peintre et les dragons

Le vieux Chang était peintre. Pas n'importe quel peintre. Il était le plus reconnu de tous les peintres animaliers de la Chine. Dans ses toiles, les animaux étaient si bien représentés qu'ils semblaient réels. Celui qui regardait un lapin jurait aussitôt que le nez de l'animal avait bougé, celui qui observait des oiseaux les entendait chanter…

Or, ce jour-là, l'empereur avait décidé de décorer son nouveau temple. « Je veux le vieux Chang », déclara-t-il.

Chang lui promit une fresque murale splendide avec un dragon sur chacun des quatre murs.

Pour commencer, il dessina un dragon dont la peau avait la couleur nacrée de la perle et qui rejetait des nuages de vapeur par les naseaux. Il était parfaitement réalisé, mais ses yeux étaient vides. Chang ne les avait pas peints.

« Étrange », pensa l'empereur.

Le deuxième dragon, d'un beau vert jade, avait une tête féroce et hérissée de cornes… mais ses yeux étaient blancs, inexpressifs. Le troisième animal était un élégant dragon rouge, tandis que le quatrième était doré et doté d'une longue queue sinueuse. Chang n'avait pas non plus peint les yeux de ceux-là.

Quand il eut fini, le peintre s'inclina devant l'empereur et lui demanda : « Êtes-vous satisfait de vos dragons, Majesté ?

– Ils sont magnifiques ! dit-il. Mais… et les yeux ?

– Les dragons sont des animaux magiques, dit Chang. Si je peins leurs yeux, ils vont revenir à la vie.

– Balivernes ! s'emporta l'empereur. Peins-leur des yeux immédiatement ! »

Sous la menace, et bien que terrifié, Chang s'exécuta. Ce fut d'une main tremblante qu'il dessina une prunelle dans les yeux des dragons. D'abord, le tonnerre gronda, puis, à peine le peintre eut-il terminé que CRAC ! un bruit terrible, assourdissant, accompagné d'un éclair aveuglant, se fit entendre. Le toit venait de s'effondrer.

Le dragon de jade cligna des yeux et leva la tête ; son nez cornu défonça le mur. Le dragon de perle bâilla, lançant un nuage de vapeur brûlante. Puis ils se détachèrent des murs du temple pour s'envoler ensemble à travers le toit.

Avant que les dragons rouge et d'or puissent s'échapper à leur tour, Chang prit son pinceau et dessina de grosses chaînes autour de leur cou. Les dragons avaient beau gronder et piétiner le sol, les chaînes les empêchaient de s'envoler.

Ce fut ainsi que le temple de l'empereur en vint à ne plus posséder que deux dragons, mais c'étaient les plus beaux de tous les animaux peints en Chine.

# Les lutins et le cordonnier

« Je ne peux pas continuer », soupira un soir le vieux cordonnier au désespoir. « Nous n'avons plus d'argent. » C'était un homme honnête et bon, qui fabriquait des souliers avec beaucoup de soin et de savoir-faire. Mais il travaillait lentement et ne pouvait rivaliser avec son voisin, un cordonnier moderne qui vendait des centaines de paires de chaussures à un prix défiant toute concurrence. D'ailleurs, tous les clients du vieux cordonnier se chaussaient dorénavant chez son voisin.

« Qu'allons-nous devenir ? se lamentait la femme du cordonnier. Tu n'as même plus de cuir, à peine assez pour fabriquer une dernière paire.

– Je vais tailler le cuir ce soir et terminerai le tout demain », déclara le cordonnier, le cœur lourd, avant de monter se coucher.

Le lendemain, il trouva une paire de chaussures terminées sur son établi. Elles étaient ornées de boucles brillantes et chaque couture était parfaite.

« Regarde ! » lança-t-il, interloqué, à sa femme, avant de les disposer dans la vitrine.

À peine étaient-elles exposées qu'un client en profita et paya un si bon prix que le cordonnier put acheter assez de cuir pour fabriquer deux autres paires ! Il découpa immédiatement le cuir et se dit qu'il les mettrait en forme le lendemain.

Pourtant, comme la veille, la magie opéra. Il trouva sur son établi deux paires de chaussures parfaitement exécutées. Il ne manquait rien : ni les nœuds, ni les lacets, ni même les talons roses. Elles étaient élégantes, uniques… un vrai travail d'orfèvre.

« Comment est-ce possible ? » se demanda, perplexe, le cordonnier. Pourtant, chaque matin, après avoir acheté et taillé du cuir, de merveilleuses chaussures apparaissaient sur son établi.

En peu de temps, il fut riche. Son magasin ne désemplissait pas. Ses anciens clients, mécontents de leurs nouvelles chaussures, qui prenaient l'eau et tombaient en morceaux alors qu'ils ne les avaient portées qu'une seule fois, étaient revenus. Le nouveau cordonnier était parti, furieux.

Le cordonnier n'en revenait pas d'avoir tant de chance. Il était curieux de connaître la vérité. « Nous allons rester éveillés afin de comprendre qui travaille ainsi », confia-t-il à sa femme.

À la nuit, ils se cachèrent derrière quelques manteaux accrochés dans un coin de l'établi et attendirent.

À minuit, deux lutins en haillons se précipitèrent dans l'atelier et se mirent sans tarder à tailler, à clouer, à percer et à coudre le cuir. Ils œuvraient avec beaucoup d'adresse et d'agilité. Leurs doigts, minces et lestes, faisaient des miracles.

« Grâce à ces petits êtres, nous sommes riches. Nous devons les remercier, chuchota sa femme. Leurs habits tombent en lambeaux ; ils doivent mourir de froid. Je vais leur coudre des chemises et des manteaux bien épais, des gilets aussi et des pantalons, sans oublier une paire de chaussettes chaudes. Tu leur feras des chaussures. »

Le cordonnier et sa femme passèrent toute la journée à fabriquer une garde-robe pour les lutins. Ils la déposèrent sur l'établi, à la place des pièces de cuir, puis se glissèrent de nouveau derrière les manteaux.

Ils attendirent… Au douzième coup de minuit, les lutins apparurent. Ils découvrirent les habits, qu'ils enfilèrent aussitôt. Puis ils se mirent à danser et à sauter de joie autour de l'atelier en chantant :

*Maintenant que nous avons de l'allure*
*Adieu aux souliers, bottes et chaussures !*

Et, pfitt ! les lutins s'évanouirent, pour ne plus jamais revenir.

Même sans l'aide des lutins, les affaires du cordonnier prospérèrent. Son talent était réputé dans la région. Ses chaussures passaient pour les plus remarquables et les plus confortables de toutes. Le cordonnier et sa femme vécurent ainsi heureux jusqu'à la fin de leurs jours.

# Le vilain petit canard

Sur quelques feuilles entassées au bord d'un étang, une cane couvait. Le soleil d'été dardait ses rayons sur son plumage et elle était impatiente de glisser sur l'eau. Mais, pour cela, il lui fallait attendre l'éclosion des œufs…

Enfin, le moment tant attendu arriva. Dans un craquement de coquilles, les petites têtes se présentèrent au monde. Aussitôt, les autres canes se rassemblèrent pour admirer les nouveau-nés, non sans remarquer que la coquille d'un œuf – plus gros que les autres – ne se brisait toujours pas.

« C'est un œuf de dinde, pour sûr, caqueta une cane âgée. Je serais toi, je le laisserais de côté, l'oisillon ne saura jamais nager.

– Mais j'ai attendu si longtemps. Un peu plus ou un peu moins », répondit la mère cane.

Quelques instants plus tard, il y eut un tapotement, puis un craquement, et le dernier caneton émergea tant bien que mal. Mais était-ce bien un caneton ? En réalité, il était plus gros, et différent de ses frères et sœurs !

« Nous verrons bien », pensa la mère en indiquant à sa progéniture de la suivre. Elle, en tête, les canetons, les uns derrière les autres, tous allèrent vers l'étang et y plongèrent. Ils disparurent un à un sous l'eau, puis réapparurent et se laissèrent tranquillement flotter, comme s'ils avaient déjà une grande expérience.

« C'est bon. Tu n'es pas le rejeton d'une dinde, dit la mère cane en souriant. Tu n'es qu'un vilain petit canard. »

Ensuite, elle conduisit ses canetons à la ferme. Là, le vilain petit canard fut aussitôt la risée des autres. L'oie le siffla ; les poules lui donnèrent des coups de bec ; la dinde se gonfla telles les voiles d'un voilier prêt à prendre la mer et le pourchassa avec force glouglous ! glouglous !

Même les frères et les sœurs du vilain petit canard le taquinèrent. Quant à sa maman, elle était trop embarrassée pour venir à son secours. Le vilain petit canard était si malheureux qu'il s'enfuit à tire-d'aile, survola une clôture et atterrit dans un buisson, affolant au passage une volée de moineaux.

« Ils ont peur de moi », pensa-t-il tristement. Il pataugea dans le marécage jusqu'à l'endroit où des canards sauvages avaient élu domicile, et s'y cacha toute la nuit.

Au matin, les canards sauvages s'approchèrent par curiosité. « Tu es vraiment laid », cancanèrent-ils, mais ils ne le chassèrent pas et le laissèrent boire.

Soudain, BANG ! BANG ! Deux coups de feu claquèrent. Des chasseurs, dissimulés dans les grandes herbes, tiraient sur les oiseaux. Pris de panique, les canards sauvages s'envolèrent au moment où des chiens déboulaient en projetant de grandes gerbes d'eau.

Le vilain petit canard n'eut que le temps de cacher sa tête sous son aile.

SPLATCH ! SPLATCH ! Un énorme chien, la langue pendante et le regard furieux, apparut. Il ouvrit grand la gueule, montrant ses dents terrifiantes, puis…

SPLATCH ! SPLATCH ! il disparut bien vite.

« Au moins, je suis trop laid pour être mangé », pensa, encore tout tremblant, le vilain petit canard.

Il passa le reste de la journée dissimulé dans les roseaux. Enfin, le bruit effrayant des fusils cessa et les chasseurs partirent. Alors, poussé par un vent impétueux, le vilain petit canard s'enfuit à travers champs et prairies.

À la nuit tombée, il atteignit une vieille masure. La porte, qui ne tenait plus sur ses gonds, était entrouverte. Il en profita pour se glisser à l'intérieur, où il s'abrita de l'orage.

À l'aube, le vilain petit canard se trouva nez à nez avec une poule affairée et un chat curieux. Ils partageaient la maison avec une vieille femme.

« Puis-je rester ? supplia le vilain petit canard.

– Est-ce que tu sais pondre ? caqueta la poule.

– Est-ce que tu sais faire le dos rond et ronronner ? miaula le chat.

– Je ne crois pas, admit le vilain petit canard.

– Alors, ne reste pas là ! » dirent-ils en chœur.

Attristé, le vilain petit canard se réfugia dans un coin sombre. Il pensait à l'air frais, aux doux rayons du soleil, et il eut soudain envie de glisser sur l'onde miroitante.

« Je ne suis pas d'ici », soupira-t-il, et il s'en alla vers un grand lac.

Tous les jours, il nageait et plongeait, mais aucun autre animal ne lui parlait. Tous le trouvaient trop laid. Il se mit à faire plus froid ; les feuilles de la forêt jaunirent et roussirent.

Un soir, au coucher du soleil, une bande de cygnes blancs majestueux s'éleva dans les airs, en partance pour des pays plus cléments. Le vilain petit canard, émerveillé, ne les quittait pas des yeux. Il n'avait jamais rien vu d'aussi beau.

L'hiver fut long et froid. La neige tomba et la glace recouvrit le lac. Blotti dans les roseaux, le vilain petit canard survécut.

Enfin, le printemps revint. Il étendit ses ailes. Elles étaient plus longues qu'auparavant, et plus fortes. En quelques battements, il put sortir des roseaux et survoler le magnifique bassin qui ornait un beau jardin.

Trois superbes cygnes glissaient déjà sur l'eau. Honteux, le vilain petit canard baissa la tête. Il était sûr qu'ils allaient le chasser à coups de bec. Laid, il était trop laid. Soudain, il vit son reflet dans l'onde. Celui qui le regardait n'était pas un vilain petit canard, mais un cygne majestueux !

Les autres cygnes nagèrent autour de lui et l'accueillirent par des petits coups de bec amicaux. Le vilain petit canard étira le cou de joie et aperçut des enfants qui couraient vers lui à toutes jambes.

« Regardez, il y a un autre cygne ! s'écrièrent-ils, ravis. C'est le plus beau de tous. »

# Raiponce

Il était une fois un jeune couple qui vivait à côté d'un jardin enchanté. En toute saison, des herbes aromatiques et des plantes diverses y poussaient. Pourtant, personne, jamais, n'aurait osé s'y aventurer, car il appartenait à une sorcière.

Par un jour d'hiver glacial, la femme, qui attendait un enfant, eut une envie irrépressible de légumes verts. Disant à son mari que c'était une question de vie ou de mort, elle le poussa à braver l'interdit. Prenant son courage à deux mains, il entra dans le jardin de la sorcière. Il n'avait coupé qu'une minuscule feuille d'une plante appelée raiponce, quand il entendit :

« Stop ! »

C'était la sorcière. « Comment oses-tu me voler ? Tu vas le payer !

– Par… par… pardon, bégaya-t-il. C'est pour ma femme. Elle attend notre enfant.

– Un enfant ? marmonna la sorcière. Bon, dans ce cas, prends tout ce qui te fait plaisir. En échange, tu me donneras l'enfant. »

Personne n'avait jamais osé désobéir à la sorcière. Le cœur lourd, le couple attendit la naissance… Le nouveau-né était une splendide petite fille aux joues roses. À peine l'avaient-ils enveloppée dans une couverture que la sorcière frappait à la porte.

« Je l'appellerai Raiponce, gloussa-t-elle en l'emmenant. En mémoire de notre pacte. »

Ainsi, Raiponce fut élevée par la sorcière, qui la gardait jalousement. Quand la fillette eut douze ans, la sorcière l'enferma dans une tour sans porte. La seule façon d'entrer ou de sortir était de grimper le long des murs, qui étaient aussi glissants que du verre.

Raiponce avait de longs cheveux blonds. Ils poussaient chaque jour un peu

plus et n'avaient jamais été coupés. Quand la sorcière venait la voir, il était convenu qu'elle s'annonce ainsi : « Raiponce, Raiponce, lance-moi ta chevelure. » Raiponce déroulait alors ses cheveux par l'ouverture et ils tombaient à terre, afin que la sorcière pût monter.

Un jour, un prince vint à se promener près de la tour. Il vit Raiponce et en tomba immédiatement amoureux. Elle était si belle ! Raiponce, qui n'avait jamais vu de prince, était, elle aussi, sous le charme. Elle défit rapidement ses cheveux. Plein d'audace, le prince escalada la tour. Ils passèrent ainsi un moment merveilleux. Ils rirent et parlèrent, puis rirent encore, si bien que, au crépuscule, ils promirent de se marier.

« Tu dois partir, l'avertit Raiponce, avant que la sorcière ne te trouve ici et te tue.

– Je reviendrai avec une échelle de corde, promit le prince, et nous nous échapperons ensemble ! »

Mais, à son retour, la sorcière devina aussitôt ce qui s'était passé. « Un homme est venu te voir, postillonna-t-elle, qui est-ce ? »

Raiponce pinça les lèvres.

« Qu'importe, je trouverai bien ! » menaça la sorcière, qui s'empara d'une paire de ciseaux et coupa la magnifique tresse. Ensuite, elle enferma Raiponce dans une armoire et attendit…

Quelques instants plus tard, un murmure monta. « Raiponce, Raiponce, lance-moi ta chevelure. »

Une tresse dorée fut alors déroulée par l'ouverture. Le prince l'agrippa et grimpa. Il allait passer par la fenêtre quand il comprit qu'à l'autre bout se tenait la sorcière.

« Tu ne verra plus jamais ta bien-aimée, gloussa-t-elle en le repoussant.

– Non ! » s'écria le prince en tirant sur la tresse.

À l'autre bout, la sorcière était toujours agrippée aux cheveux. Elle perdit l'équilibre, tenta de se rattraper et… passa par la fenêtre. Il y eut un cri perçant – puis le silence.

« Bon débarras », soupira le prince, en cherchant Raiponce des yeux. « Raiponce ?

– Je suis là », répondit-elle d'une voix douce. Le prince tourna la clé de l'armoire et ouvrit la porte. Elle se précipita dans ses bras.

« Nous sommes libres, annonça-t-il, le sourire aux lèvres. Maintenant, nous pouvons descendre par mon échelle de corde et vivre heureux à tout jamais. »

Ce qu'ils firent.

# Le garçon qui criait au loup

Être berger et s'occuper des moutons toute la journée n'était pas bien gai. Assis dans le vent et le froid, sur le versant de la montagne, Nico écoutait ses vingt-huit moutons brouter l'herbe. Et il s'ennuyait ferme.

Pour s'occuper, il joignit les lèvres, les avança et essaya de siffler, mais il n'était pas doué. Il chercha à mâcher un brin de paille, mais le goût était horrible. Il ne trouvait rien à faire pour pouvoir se distraire un peu, et il en avait plus qu'assez de contempler ses moutons, c'était vraiment ennuyeux.

Pire encore, du bas de la vallée, dans le village, lui montaient des cris de joie, de la musique et des chants. Tous ses amis s'amusaient tandis que lui était assis, seul, au sommet de la montagne, le ventre vide, un vent glacial et vingt-huit moutons pour toute compagnie.

Alors que la journée avançait, le moral de Nico était au plus bas, et il s'apitoyait de plus en plus sur son sort. Soudain, un sourire narquois éclaira son visage. Il avait une idée pour s'amuser un peu !

Il bondit et se mit à dévaler la montagne.

« AU LOUP ! hurla-t-il. Il y a un LOUP ! À l'aide ! Un loup attaque mes moutons ! »

En entendant ses cris d'alarme, les villageois s'immobilisèrent, arrêtant aussitôt de vaquer à leurs occupations ou de s'amuser.

Puis, qui empoignant un balai, qui s'emparant d'un bâton, ils s'empressèrent de gravir la montagne. Arrivés au sommet, ils avaient le visage tout rouge et étaient en sueur, mais ils étaient prêts à en découdre avec le loup.

Pourtant, quelle ne fut pas leur surprise de ne découvrir qu'un petit garçon qui riait aux éclats et se frottait les mains devant la bonne blague qu'il venait de faire. « Je vous ai bien eus ! se gaussa-t-il. Je n'ai jamais rien vu d'aussi amusant de toute ma vie !

– Ce n'est pourtant pas drôle, rétorqua la boulanger.

– C'est parce que vous ne vous êtes pas vus courir vers moi tout affolés ! » riposta Nico.

Les villageois ne goûtaient pas cette blague. Ils redescendirent en grommelant vers le village.

Le lendemain, comme la veille, Nico était assis en haut de la montage. Il surveillait son troupeau et se languissait toujours autant.

« Je ne devrais pas, se disait-il. Vraiment, je ne devrais pas. C'est sûr, je ne devrais pas… AU LOUP ! » appela-t-il, incapable de se contenir.

« AU LOUP ! répéta-t-il encore plus fort. Il est vraiment là. Il est énorme. Au secours ! »

Cette fois, seule une poignée de villageois répondit à l'appel. De nouveau, ils saisirent balais et bâtons et montèrent faire peur au grand méchant loup…

… oh !

Il n'y avait pas de loup. Arrivés au sommet, ils trouvèrent le troupeau, et Nico.

Le petit garçon n'en pouvait plus de rire. Il se tenait les côtes en s'esclaffant : « Jamais je n'aurais cru que vous alliez encore me croire ! C'est vraiment trop drôle !

– Ce n'est pas drôle DU TOUT », firent les villageois, en le regardant avec colère avant de redescendre d'un pas lourd.

Le troisième jour, Nico était encore sur la montagne et, comme toujours, il se morfondait. « Il n'y a rien à faire ici, pensa-t-il, sauf regarder passer les moutons et le loup...
Le loup ? AU LOUP ! »

En effet, un loup surgit d'un bosquet et, une lueur meurtrière allumant son œil, bondit sur les moutons.

« AU LOUP ! AU LOUP !
AU LOU-OU-OUP ! » s'époumona Nico en prenant ses jambes à son cou.

« AU LOUP ! » s'égosillait-il encore en arrivant sur la place du village.

« Vite, venez ! AU SECOURS ! »

Les villageois firent semblant de ne pas l'entendre. Personne ne s'arrêta de travailler. L'instituteur tourna une page de son livre ; le boucher roula une saucisse ; le boulanger fit un petit pain.

« À L'AIDE ! » hurla Nico. « S'il vous plaît, aidez-moi », implorait-il les villageois.

Ils l'ignorèrent tous. Nico finit par retourner tout seul en haut de la montagne. Il avait peur de ce qu'il allait trouver. Le loup avait sans doute massacré ses moutons.

En effet, la plupart des moutons avaient été tués par le prédateur. Les autres s'étaient enfuis. Nico, la tête entre les mains, s'assit et se mit à pleurer.

Au crépuscule, quelques villageois montèrent le voir et découvrirent la scène.

« Nos moutons ! sanglotèrent-ils. Nos pauvres moutons ! Il n'en reste plus un !

– Pourquoi ne m'avez-vous pas aidé ? » demanda Nico d'une petite voix. Il connaissait déjà la réponse.

« Tu nous as toujours menti. Nous ne te croyons plus, répliquèrent-ils.

– Cela m'a servi de leçon, dit Nico. Je ne mentirai plus jamais, je le promets. »

# Quand les éléphants avaient des ailes

Il était une fois, quand les éléphants avaient des ailes. Ils volaient partout, tout le temps. Ils déroulaient leur longue trompe, levaient leurs

pattes et déployaient leurs quatre ailes plumeuses et scintillantes en criant : « Regardez-moi ! Je suis plus grand qu'un arbre ! »

Ils montaient haut dans l'azur, faisaient le tour du soleil, puis plongeaient vers le sol. Ils exécutaient loopings, cercles, arabesques et courses en ligne droite, qui se terminaient par une volte-face. Voler était alors dans la nature même de l'éléphant.

« Voler est un tel plaisir », soupiraient-ils.

« Ces éléphants sont merveilleux », approuvaient les dieux, qui les enfourchaient pour parcourir le ciel. « Nous adorons voyager à dos d'éléphant, c'est une expérience unique, inoubliable… »

Il y avait pourtant un problème : les éléphants étaient des animaux bruyants.

Ils barrissaient et, tels des coqs, lançaient des cocoricos ! tonitruants dans le ciel. Sous eux, les arbres et les maisons tremblaient. Ils étaient aussi maladroits, car ils fonçaient dans les arbres et les arrachaient, ou bien ils atterrissaient sur les maisons et les aplatissaient. Après leur passage, il ne restait plus rien. C'était le chaos.

Les arbres tombaient les uns sur les autres comme un château de cartes, et des maisons ne restaient plus que des décombres.

« Nous devons les empêcher de voler », constatèrent tristement les dieux. Ils eurent bientôt une idée. « Chers éléphants, vous êtes conviés à un festin », annoncèrent-ils un jour.

À la queue leu leu, les éléphants se présentèrent. Il y avait des fruits à volonté ; ils aspiraient les pulpes, engloutissaient les peaux, mâchaient les noyaux et gobaient les graines. Ils mangèrent ainsi tout leur soûl. À la fin, ils se couchèrent et s'endormirent, repus.

C'était le moment attendu par les dieux. Pendant que les animaux ronflaient, ils avancèrent silencieusement vers eux et dérobèrent leurs ailes.

Ensuite, ils en offrirent quelques-unes aux paons, qui firent dorénavant la roue, et d'autres aux bananiers, en guise d'opulente couronne de verdure.

À leur réveil, les éléphants étaient… furieux ! « Qu'avez-vous fait de nos ailes ? demandèrent-ils aux dieux.

– Nous les avons données », répliquèrent ces derniers, impassibles.

Les éléphants eurent beau barrir, piétiner le sol, faire trembler la jungle entière, rien n'y fit. Les dieux les avaient privés du plaisir de déployer leurs ailes, à tout jamais.

# L'or des fées

Par un beau soir au clair de lune, un tailleur, sorti respirer la fraîcheur de l'air, trébucha sur un petit peuple féerique qui dansait en une joyeuse ronde.

« Des fées ! » s'exclama-t-il, sidéré, tant la vue de ces petits êtres aux ailes scintillantes et au visage empreint de gentillesse était étonnante.

Un sourire bienveillant aux lèvres, les fées invitèrent le tailleur à se joindre à elles. Ensemble, ils tourbillonnèrent et tournoyèrent, tournoyèrent et tourbillonnèrent, jusqu'à ce que le tailleur, tourneboulé et chamboulé, demandât grâce.

Tandis qu'il reprenait sa respiration, une fée plus âgée s'approcha et lui tendit un morceau de charbon. « C'est un cadeau ! » murmura-t-elle.

« Étrange », pensa-t-il, mais il garda le présent. Puis il bâilla et ferma les yeux – quand il les rouvrit, le matin s'annonçait.

Les fées avaient disparu et sa main lui semblait bien lourde… Il abaissa le regard. Il ne tenait plus un morceau de charbon, mais une pépite d'or étincelante !

« Je suis riche », pouffa-t-il. Il s'apprêtait à courir chez lui annoncer la bonne nouvelle, quand une idée lui traversa l'esprit. « Voyons un peu… Je pourrais peut-être en obtenir davantage ? »

Le tailleur attendit toute la journée. Au crépuscule, les fées se manifestèrent. Il se joignit encore une fois à leurs farandoles et, comme la veille, la vieille fée lui tendit un morceau de charbon. Il s'endormit, la pépite dans le creux de la main et des rêves de richesse plein la tête.

À son réveil, il scruta avidement ses mains. Ses doigts étaient noirs et crasseux. « Nooon ! » gémit-il. Il tenait deux morceaux de charbon. « Si seulement je n'avais pas été aussi cupide », soupira-t-il. Trop tard, sa bonne fortune s'en était allée pour toujours.

# Le rossignol et l'empereur

Voici l'histoire d'un empereur, qui régnait sur la Chine. Son palais était le plus beau du monde et ses jardins s'étendaient à l'infini ; l'empereur lui-même ne connaissait pas leurs limites. Ils étaient couverts de roses splendides, que le visiteur respirait au son de merveilleuses cloches tintinnabulantes. Toutefois, le son le plus délicat et le plus charmant de tous était produit par un petit oiseau, un rossignol.

Son chant égrenait une mélodie qui s'élevait dans le ciel en un ruban de notes harmonieuses. L'empereur, cloîtré dans son palais, ne l'avait jamais entendu chanter.

Un jour, alors qu'il était assis et lisait dans sa bibliothèque, il remarqua un livre qui vantait les merveilles de son palais. Au fur et à mesure de sa lecture, un sourire se dessinait sur son visage, quand, soudain, il lut cette phrase… *Le rossignol est le plus beau de tous.*

« Qu'est ce que… ? s'emporta l'empereur. Je n'ai jamais entendu parler de cette créature. Qu'on me l'apporte ! » ordonna-t-il à ses gens.

Les serviteurs fouillèrent la demeure de fond en comble. Dans les greniers, dans les caves… le rossignol était introuvable.

« Peut-être n'est-ce qu'une invention ? » dirent-ils à l'empereur en s'inclinant très bas.

« Balivernes, lança l'empereur. Apportez-moi cette oiseau pour le souper ou je vous fais piétiner par mes chevaux. »

Ils se précipitèrent dans les jardins, scrutèrent les lacs et les fourrés.

« Que cherchez-vous ? demanda le jardinier.

– Quelque chose qui s'appelle un rossignol », soupirèrent les serviteurs.

Le jardinier sourit malicieusement : « Suivez-moi donc », dit-il.

Il les conduisit jusqu'à un frêle oiseau brun niché dans un arbre.

« Ah ! c'est ça, un rossignol ? s'étonnèrent-ils. Ce minuscule oiseau de rien du tout ?

– Soyez patients », répondit le jardinier, comme s'il leur divulguait un secret bien gardé. Alors le rossignol se mit à chanter. Ses trilles mélodieux se dispersèrent dans l'air. Les serviteurs applaudirent.

« Viens avec nous, s'il te plaît. L'empereur veut t'entendre chanter.

– C'est à l'air libre que mes trilles s'épanouissent et sont le plus beaux, mais je vous suis, puisque l'empereur le désire. »

Le chant du rossignol était si doux que l'empereur en eut les larmes aux yeux, et elles finirent par couler sur ses joues. Puis il voulut garder l'oiseau à ses côtés pour toujours, et il commanda une cage dorée. La réputation de l'oiseau se répandit dans tout l'empire chinois. Un jour, l'empereur du Japon lui envoya un présent : un rossignol mécanique, un oiseau brillant orné de bijoux rutilants.

Une fois remonté, il émettait quelques notes semblables à celles d'un rossignol.

Tous regardèrent, émerveillés.

L'empereur l'écoutait jour et nuit. Il le plaça même sur un coussin de soie à côté de son lit. Le véritable rossignol fut vite oublié. Il s'envola et regagna son nid, dissimulé dans la végétation du jardin.

Mais, un soir, tandis que l'empereur se reposait dans sa chambre, quelque chose dans l'automate fit clic, clac, cling. Et la musique s'arrêta net. Rien ne put la faire repartir. L'empereur se souvint alors de son frêle rossignol. Il le voulut près de lui et l'envoya chercher. Mais on ne trouva l'oiseau nulle part.

Une année s'écoula et l'empereur tomba malade. Tous s'attendaient à ce qu'il rendît son dernier souffle d'un instant à l'autre. L'empereur regarda l'automate et soupira : « Je veux de la musique. » Mais hélas, le mécanisme était cassé, l'oiseau ne chantait plus.

Ensuite, la Mort se présenta devant l'empereur. Il ferma les yeux. À cet instant, par la fenêtre, entrèrent des notes mélodieuses, celles du rossignol. L'oiseau chantait les roses blanches, l'herbe humide et fraîche, l'antique sureau et la quiétude du cimetière. Alors, la Mort prit lentement la forme d'une brume blanche et froide, qui flotta jusqu'à la fenêtre et s'échappa.

Le rossignol chanta pour endormir l'empereur. À son réveil, le monarque se sentit fort et plein de vie.

« Reste toujours avec moi, proposa-t-il au rossignol. Tu ne chanteras que lorsque tu en auras envie et je vais casser l'automate en mille morceaux.

– Surtout pas, répondit l'oiseau. Il t'a été bien utile. Quant à moi, je suis incapable de vivre enfermé dans un palais. Si tu veux, je me percherai sur une branche, devant ta fenêtre, et j'y installerai mon nid, près de toi. »

Ainsi, l'empereur passa une grande partie du reste de sa vie, penché à sa fenêtre, à écouter d'un sourire radieux le chant mélodieux du rossignol.

# Le logis de Lapin

Lapin ne supportait plus son logis. « Je suis à l'étroit ici, se plaignait-il. Je me cogne quand je me tourne, je me cogne quand je me lève. C'en est assez. Je déménage. »

Après force jérémiades et lamentations, il se reprit : « Je sais ! s'exclama-t-il. Je vais voir Hibou. Il est sage et saura m'aider. »

« Mon logis est trop petit », annonça-t-il sans préambule à Hibou, qui, perché sur son arbre, regardait tourner le monde.

« Hum ! fit Hibou, et tu en voudrais un plus grand. » Il réfléchit un temps, puis déclara : « Demande à tous tes frères et sœurs de venir chez toi.

– Chez moi ? bredouilla Lapin, incrédule. Tu crois vraiment que c'est la solution ?

– Sans aucun doute », dit Hibou.

Lapin n'était pas convaincu, mais il suivit le conseil et convoqua tous ses frères et sœurs à venir cet après-midi-là. Ils étaient bien un peu serrés !

Lapin fila chez Hibou et lui dit : « Tous mes frères et sœurs sont chez moi, et j'ai moins de place que ce matin. Que dois-je faire ? »

Hibou sourit. « Invite tous tes amis.

– Vraiment ? s'étonna Lapin, de plus en plus troublé.

– Oh oui ! » confirma Hibou.

Lapin rendit visite à tous ses amis et leur demanda de passer chez lui. Un par un, ils entrèrent comme convenu dans son logis.

Lapin se tenait au milieu du salon et semblait désemparé. « C'est ridicule ! pensa-t-il. Je ne peux même pas remuer le bout de mon nez ! »

Il se fraya un passage à travers la foule et courut chez Hibou.

« Au secours ! cria-t-il. J'ai suivi ton conseil et je ne peux plus tenir chez moi.

– Pas d'affolement, lui répondit Hibou d'une voix calme. Dis-leur simplement qu'il faut qu'ils partent maintenant. »

Lapin s'en retourna et demanda à ses frères, à ses sœurs ainsi qu'à tous ses amis de s'en aller.

« Merci pour l'invitation », dirent-ils en se bousculant jusqu'à la porte.

Après le départ de son dernier ami, Lapin fit le tour de son logis, enfin vide. Il semblait immense. Lapin sauta de joie.

« Mon logis est vaste maintenant ! s'exclama-t-il. Merci Hibou. Que tu es sage ! »

# Le poirier magique

Un moine, vêtu de haillons, parcourait le marché d'un œil avide. Il avait le ventre vide et était affamé. Son regard s'illumina quand il aperçut une carriole chargée de poires toutes dorées et bien rondes. Elles avaient l'air si appétissantes !

« Je n'ai pas d'argent, avoua-t-il au marchand de poires. Jadis j'ai tout abandonné pour Dieu, mais aujourd'hui j'ai faim. Pourrais-je avoir une poire ?

– Non, répliqua d'un ton sec le marchand. Si tu ne peux pas payer, DÉGUERPIS !

– Mais tu as tant de poires », dit le marchand de thés, qui avait rangé sa carriole à côté de celle du marchand de poires. « Tu peux bien lui en donner une, elle ne te manquera pas.

– Non, c'est non, rétorqua le marchand de poires.

– Alors, je vais lui en acheter une », offrit le marchand de thés.

Il paya pour la poire et la tendit au moine, qui la mangea avec voracité, ne laissant que les pépins. Ensuite, il s'agenouilla et les enterra.

« Vous auriez un peu d'eau, s'il vous plaît ? » demanda-t-il au marchand de thés.

Quand le moine versa un peu d'eau tiède sur les pépins, une foule de curieux se rassembla pour le regarder faire.

« Aaah ! » fit la foule quand les pépins devinrent une pousse.

« Oooh ! » poursuivit-elle lorsque la pousse donna un grand arbre.

« Remarquable ! » s'étonna la foule quand des poires dorées et pulpeuses se mirent à pendre à chaque branche de l'arbre.

« Maintenant, déclara le moine. Je vous en prie, que chacun cueille une poire. »

Ils prirent ainsi chacun un fruit, même le marchand de poires. Pendant que la foule se régalait, le moine empoigna une hache et, en silence, se mit à abattre l'arbre. Ensuite, il partit.

Quand le marchand de poires se retourna, ce qu'il vit le laissa pantois : toutes ses poires avaient disparu et sa carriole n'était plus qu'un tas de bois.

« C'est de la magie ! s'écria-t-il. Ces poires, c'étaient les miennes. Le moine a transformé ma carriole en poirier. »

La foule se tint les côtes tant elle riait. « La prochaine fois, tu seras peut-être plus prompt à partager », lui conseilla-t-elle.

# La petite sirène

Bien loin au-dessous des vagues vivait une petite sirène, qui était la plus jeune des six filles du roi de la Mer. Elles étaient toutes très belles. Leur longue chevelure ondoyait au fil du courant et leurs yeux avaient la couleur des eaux le plus bleues qui puissent exister.

Leur palais de coraux colorés accueillait une multitude de poissons, qui ondulaient à travers d'immenses salles.

À côté du palais se trouvait un jardin. Là, des arbres d'un rouge flamboyant et d'un bleu profond poussaient dans le plus fin des sables. Chaque princesse cultivait à sa guise son propre lopin. L'une d'elles avait semé des fleurs qui formaient le dessin d'une baleine. Le jardin de la plus jeune était aussi rond que le soleil et seules des fleurs rouge écarlate, aussi éclatantes que l'astre du jour, s'y développaient.

La petite sirène était une enfant singulière, calme et pensive. Tandis que ses sœurs décoraient leur jardin avec toutes sortes de trésors tombés des bateaux naufragés, dans le sien se dressait une statue en marbre blanc à l'effigie d'un jeune garçon plein de charme et d'allure. En vérité, elle rêvait souvent au monde d'en haut, celui qui existait au-delà des vagues.

« Quand vous aurez quinze ans, leur disait leur grand-mère, vous aurez le droit de sortir de l'océan et de vous asseoir au clair de lune sur les rochers pour voir passer les navires. »

Ainsi, à l'âge de quinze ans, ses sœurs, une à une, nagèrent vers la surface. À leur retour, elles racontaient des histoires de soleil, de ciel – et d'humains. La petite sirène les écoutait avec envie.

Une fois, après une tempête, elle avait secouru un prince humain qui se noyait. Elle ne l'avait jamais oublié.

« Un jour, espérait-elle, je trouverai mon prince. »

Enfin, à son tour, elle eut quinze ans. Sa grand-mère peigna ses cheveux flottants et permit aux huîtres de s'attacher à sa queue de sirène.

« Aïe ! » cria la petite sirène. Sa grand-mère répliqua : « Ne bouge pas si tu veux être la plus belle le jour de ton anniversaire !

– Est-ce que les humains pensent que nous sommes belles ?

– Les humains ! répéta dédaigneusement sa grand-mère. Ils ont des jambes à la place de notre queue de poisson et ils sont bien laids. »

Quand, enfin, sa grand-mère la libéra, la petite sirène, aussi légère et pétillante qu'une bulle, s'éleva à travers les eaux. Le soleil venait juste de se coucher, quand sa tête émergea. Elle vit les nuages dorés aux reflets roses, elle sentit l'air frais et doux et contempla la surface apaisée.

En face d'elle flottait un grand trois-mâts brillamment illuminé par des centaines de lanternes. Il s'en échappait de la musique et des chants.

La petite sirène s'approcha, en nageant vers une fenêtre qui laissait entrevoir la plus grande des cabines. Admirative, elle contempla les invités, vêtus de magnifiques habits. Le plus élégant était un jeune prince aux grands yeux sombres. « Mon prince ! » s'exclama-t-elle, et son cri poussé du plus profond de son cœur était un cri d'amour.

Dans un grand soupir, elle plongea dans la mer et retourna au palais. Par la suite, souvent le soir et presque tous les matins, elle remontait à la surface et observait le trois-mâts, avec l'espoir d'apercevoir son prince.

Un soir, son père donna un bal. Au milieu des chants et des danses, la petite sirène s'éclipsa et vint s'asseoir, triste, dans son jardin. Toutes ses pensées se tournaient vers son prince.

« Si j'avais moi aussi des jambes, je pourrais être avec lui pour toujours », se dit-elle, bien décidée à aller demander de l'aide à la sorcière de la Mer. Elle partit donc. Elle affronta des tourbillons rageurs, qui bloquèrent son avancée, et des branches couvertes de vers s'agrippèrent à sa chevelure. Terrifiée, elle eut bien souvent envie de rebrousser chemin, mais le souvenir de son prince lui redonna du courage. Elle tressa ses cheveux, qu'elle attacha bien serrés autour de sa tête, et s'élança au-devant des courants tel un poisson.

Elle trouva la sorcière, accroupie au milieu d'une clairière vaseuse, occupée à nourrir des crapauds.

« Je sais bien ce que tu veux, pauvre idiote, déclara la sorcière de la Mer. Tu veux deux jambes pour marcher comme les humains et tu veux que le prince tombe amoureux de toi. »

Et elle termina sa phrase par un mauvais ricanement.

« Voyons voir, je pourrais préparer une potion, mais si je te donne des jambes, à chacun de tes pas tu souffriras autant que si la lame d'une épée traversait tes chairs. Tu perdras aussi la voix et tu ne seras jamais plus une sirène, l'avertit-elle.

– Que me restera-t-il, demanda la petite sirène.

– Ta beauté, répondit la sorcière. Seulement, il y a une condition. Si le prince ne t'aime pas en retour, tu mourras. Tu veux toujours la potion ?

– Oui », acquiesça la petite sirène d'une voix tremblante, songeant à son prince.

Elle avala la potion que la sorcière lui versa et s'endormit aussitôt. À son réveil, elle était allongée sur la plage, le prince penché sur elle.

« Qui es-tu ? » demanda-t-il. Puisqu'elle était muette, elle ne put prononcer une syllabe.

« Celle qui t'aime », semblaient pourtant répondre ses yeux.

« Tu me rappelles une jeune fille, dont

j'ai rêvé une fois, alors que j'allais me noyer, dit le prince. Viens, marchons jusqu'au château. »

Chaque pas était pour elle une agonie.

Elle l'accompagna, mais comprit vite qu'il la considérait comme une jeune sœur ou un animal fidèle. Elle resta pourtant à ses côtés. Une fois, alors qu'elle marchait au bord de la mer, elle vit ses sœurs.

« Reviens », la supplièrent-elles en chœur en tendant les bras vers elle. La petite sirène savait qu'elle ne pourrait plus jamais retourner à son ancienne vie.

Quelque temps plus tard, le prince lui annonça qu'il allait se marier. « Ma princesse te ressemble un peu, avoua-t-il en souriant. N'es-tu pas heureuse pour moi ? »

À ces mots, le cœur de la petite sirène se brisa. Elle se rendit sur la plage, d'où elle aperçut ses sœurs. Elles avaient les cheveux courts.

« Nous avons donné nos cheveux à la sorcière en échange d'un couteau magique, lui dirent-elles. Si tu tues le prince, tu pourras redevenir sirène. »

La petite sirène prit le couteau et le lança bien loin, dans la houle. « Je ne pourrai jamais faire de mal à mon prince, pensa-t-elle, je l'aime toujours… »

Alors, elle plongea dans la mer bleue, et disparut à tout jamais dans l'eau profonde.

# Les souliers de bal usés

Autrefois, il était un roi qui avait douze filles toutes plus belles et plus gaies les unes que les autres. Chaque soir, bien décidé à les protéger, il les enfermait dans une tour et, chaque matin, il constatait que leurs souliers étaient usés comme si elles avaient dansé toute la nuit. Il fallait donc remplacer les chaussures tous les jours.

Le roi n'y comprenait absolument rien. « Le premier qui découvrira où les princesses passent la nuit, décréta-t-il un jour, épousera celle de son choix. En revanche, s'il échoue, il aura la tête tranchée sur-le-champ ! »

Des jeunes gens, tous braves, riches et intelligents, se succédèrent dans la tour des princesses, et tous furent décapités les uns à la suite des autres. Le roi se désespérait… quand un pauvre soldat se présenta pour tenter sa chance.

Avant d'entrer dans la tour, il rencontra une vieille femme, qui le prit en pitié et décida de l'aider. Elle l'avertit en ces termes : « Ne bois pas le chocolat qu'elles t'offriront, mais fais semblant de t'endormir. Prends ce manteau d'invisibilité afin de les suivre. »

Quand l'aînée des princesses offrit au soldat une tasse de chocolat, il fit semblant de le boire, mais il s'en débarrassa en cachette et se mit à bâiller. Puis il s'allongea et ferma à moitié les yeux, en pensant à la plus jeune des princesses. Il la trouvait très jolie.

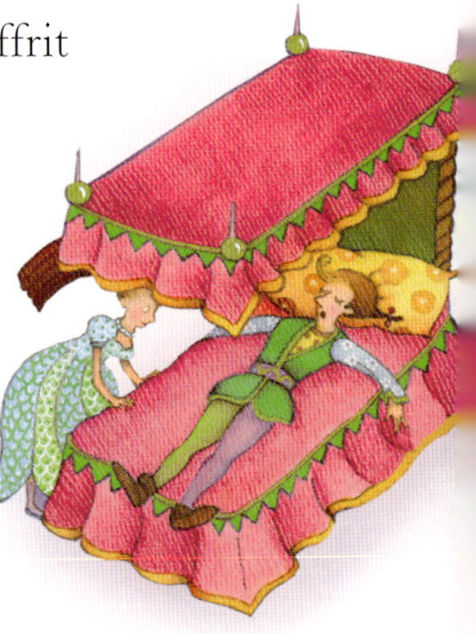

De son côté, cette dernière était triste qu'un si charmant soldat dût mourir. Ensuite, le soldat vit les princesses s'apprêter pour le bal. Elles se parèrent de bijoux étincelants, enfilèrent des souliers de bal tout neufs, ouvrirent une trappe et disparurent par un escalier secret.

Derrière elles, le soldat, caché sous son manteau d'invisibilité, courait pour les rattraper. L'escalier débouchait sur une avenue bordée d'arbres, dont les feuilles étaient recouvertes d'or et de diamants étincelants. Vite, il cassa une branche, qui lui servirait de preuve à donner au roi. La jeune princesse, vigilante, se retourna, mais sa sœur aînée la rassura : « Il n'y a personne. Ce soldat dort depuis longtemps. »

Confiantes, elles marchèrent jusqu'à un lac. Le soldat invisible vit ainsi douze princes qui attendaient les douze princesses à la proue de douze embarcations.

Elles montèrent à bord et furent conduites devant un somptueux château. Dans la salle de bal, elles virevoltèrent toute la nuit, jusqu'à user la semelle de leurs souliers. À l'aube, elles repartirent en bateau, remontèrent les marches et se couchèrent.

Après le petit déjeuner, le soldat fit son rapport au roi.

« Je suppose que tu as échoué, fit, sans illusion, celui-ci. Qu'on lui coupe la tête !

– Pas du tout, sire, rétorqua le soldat avec assurance. Pourriez-vous, s'il vous plaît, demander aux princesses de venir ? »

Il montra alors la branche d'or et de diamants qu'il avait cassée et raconta son aventure. Rougissantes, les princesses avouèrent.

Fidèle à sa parole, le roi offrit au soldat la main d'une de ses filles. Bien entendu, le soldat choisit la plus jeune. Elle accepta volontiers. Leur mariage fut célébré le jour même, et les réjouissances, agrémentées de danses endiablées, durèrent toute une semaine, pour le plus grand plaisir de tous.

# Baba Yaga

Dans une région lointaine de la Vieille Russie vivait une petite fille appelée Vassilissa qui, toute jeune, avait perdu sa maman. Avant de mourir, cette dernière lui avait confié une poupée en bois.

« Si tu es en danger, lui avait-elle dit, donne à boire et à manger à la poupée, et elle t'aidera. »

Quelques années plus tard, le père de Vassilissa se remaria. Sa nouvelle épouse était une méchante femme, qui attendait son heure pour se débarrasser de sa belle-fille. Elle attendait et attendait, jusqu'à ce que… Un jour, le père de Vassilissa leur annonça qu'il devait s'absenter toute la journée pour aller au marché dans une ville située de l'autre côté de la montagne.

« Pendant mon absence, prends soin de ma fille, veux-tu ? recommanda-t-il à sa nouvelle épouse.

– Bien sûr, bien sûr, mon cher », répondit sa femme. Mais à peine avait-il tourné les talons qu'elle appela Vassilissa.

« Nous n'avons plus de bougies, déclara-t-elle. Ce soir, nous serons dans le noir. Va tout de suite dans la forêt, à la cabane de Baba Yaga, et essaie de nous rapporter de la lumière. »

« Mais… Baba Yaga est une sorcière ! pensa Vassilissa. Elle est terrible et mange les enfants. »

Elle sortit discrètement et, d'une main tremblante, tira la poupée de sa poche. Le moment était venu de demander de l'aide.

Elle la nourrit avec un peu de pain et lui fit boire quelques gorgées d'eau. Alors, telles des étoiles, les yeux de la poupée s'illuminèrent.

« Petite poupée, petite poupée, murmura Vassilissa. Ma belle-mère me demande d'aller chez Baba Yaga.

Elle mange les enfants comme si c'était du poulet. Que dois-je faire ? S'il te plaît, aide-moi !

– Va, dit la poupée, je te protégerai. Prends du pain pour le chien de Baba Yaga. Prends de la viande pour le chat de Baba Yaga. Il ne t'arrivera rien. »

Vassilissa saisit une miche de pain et des tranches de viande, puis se mit en route. Bientôt, un vent sauvage et mauvais se leva, et les arbres se mirent à craquer. Les branches crissaient. Vassilissa entendit *boum, boum, boum* et *swich, swich, swich*. Elle leva la tête et aperçut Baba Yaga installée dans son chaudron magique. Elle volait en poussant le chaudron avec une grosse cuillère en bois et en effaçant ses traces au fur et à mesure avec un grand balai en bois.

En se frayant tant bien que mal un passage à travers les arbres de la forêt, Vassilissa suivit la sorcière volante.

Elle déboucha sur une clairière, dans laquelle se trouvait une cabane perchée sur des pattes de poulet.

Le petite poupée chuchota quelque chose à l'oreille de Vassilissa, qui cria : « Cabane, ô cabane ! veux-tu pivoter et virevolter sur tes pattes de poulet ? »

La cabane se retourna sur ses pattes de poulet toutes maigres. Avec ses fenêtres semblables à des yeux, elle fit un clin d'œil à Vassilissa et l'accueillit de ces mots : « Je danse et je vois une petite fille devant moi. »

Baba Yaga sortit précipitamment de la cabane. « Qu'avons-nous là ? » gloussa-t-elle.

Elle sourit à Vassilissa – un sourire effrayant, car sa bouche était garnie de dents en acier.

Ses cheveux étaient gras ; son visage était verruqueux ; son nez touchait son menton.

« Ma belle-mère m'envoie pour que je lui rapporte de la lumière, expliqua Vassilissa, apeurée.

– C'est bon, la coupa la sorcière d'une voix rauque. Mais d'abord, je veux que tu balaies mon sol. » Elle poussa Vassilissa sans ménagement dans la cabane et ferma la porte derrière elle.

« Prépare un grand feu de bois », ordonna sans attendre Baba Yaga à sa servante, et sa voix était devenue rugueuse comme la pierre. « Je mangerai cette fillette au déjeuner. »

De la cabane, Vassilissa avait tout entendu. Elle se laissa tomber par terre et sanglota.

« Je veux bien t'aider, ronronna le chat de la sorcière. Mais que me donneras-tu en échange ? »

Vassilissa lui tendit les tranches de viande. Le chat les avala tout rond.

« Cours aussi vite que tu le peux. Mais n'oublie pas de prendre le miroir et le peigne de Baba Yaga », miaula tout bas le chat en lui montrant les objets. « Quand tu entendras Baba Yaga arriver, jette le miroir. Si elle avance toujours, jette alors le peigne.

– Merci », dit Vassilissa, en essuyant ses larmes. Puis elle prit le miroir et le peigne et sortit en courant de la cabane… où l'attendait le gros chien noir de la sorcière.

Il se mit à gronder. À grogner. À montrer ses crocs acérés.

Vassilissa lui lança la miche de pain. Il se jeta dessus et, entre deux bouchées, aboya : « Cours sans t'arrêter, cours ! »

Puis Baba Yaga revint. « Tu balaies toujours, petite fille ? demanda-t-elle.

– Ouiii, je balaie, siffla le chat.

– Ce n'est pas la voix d'une fillette ! » hurla Baba Yaga. Elle se précipita dans la cabane. « Où est-elle ? vociféra la sorcière.

– Je l'ai aidée à s'échapper », répondit le chat en léchant les restes de viande sur ses pattes. « Elle m'a donné à manger, ce que tu n'as jamais fait depuis que je suis à ton service. Jamais tu ne m'as offert la moindre miette. »

Baba Yaga tourna les talons. « Pourquoi ne l'as-tu pas empêchée de s'enfuir, cria-t-elle à l'adresse du chien.

– Depuis que je suis à ton service, et cela fait longtemps, jamais tu ne m'as nourri. Cette petite fille m'a apporté du pain. »

La rage empourpra les joues de Baba Yaga. Elle siffla tant bien que mal de ses vieilles lèvres, et le chaudron magique bondit aussitôt à ses côtés. Puis elle claqua des doigts, et la cuillère et le balai se précipitèrent dans ses mains. Alors, la sorcière s'envola. *Boum, boum, boum* fit la cuillère. *Swich, swich, swich* fit le balai.

Vassilissa l'entendit arriver.

« Jette le miroir ! » cria la poupée.

Vassilissa le lança derrière elle et se retourna. Il s'était changé en une large, très large rivière.

« Malédiction ! » cria Baba Yaga.

Elle inclina son corps décharné et se mit à boire, à boire, à boire… à n'en plus finir.

Quand elle eut ainsi lapé toute l'eau de la rivière, elle revint à son chaudron. *Boum, boum, boum* fit la cuillère. *Swich, swich, swich* fit le balai.

Vassilissa l'entendit arriver.

« Jette le peigne ! » cria la poupée.

Vassilissa le lança derrière elle. Dans un fracas épouvantable, le sol s'ouvrit. En se retournant, Vassilissa aperçut une montagne escarpée s'élever jusqu'au ciel.

« Malédiction ! » hurla Baba Yaga.

Elle s'accroupit et commença à dévorer la montagne. *Crunch, crunch, crunch* firent ses dents en acier. Mais, comme la sorcière avait bu toute l'eau de la très large rivière, ses dents rouillèrent et tombèrent une à une.

Baba Yaga leva le poing. Sa propre magie lui jouait des tours. La montagne était élevée, elle ne pouvait pas voler par-dessus. Il lui fallait rebrousser chemin.

Vassilissa entendit le *boum !* de la cuillère et le *swich !* du balai se faire de plus en plus faibles. Pourtant, elle ne s'arrêta pas de courir avant d'être rentrée chez elle.

Son père se précipita pour l'accueillir. « Où étais-tu ? demanda-t-il, inquiet.

– Belle-maman m'a demandé d'aller chez Baba Yaga, haleta-t-elle, et cette méchante sorcière a essayé de me manger.

– Eh bien ! je pense qu'il est grand temps que ta belle-mère s'en aille », dit son père.

Et il mit la méchante femme à la porte. Ils ne la revirent jamais plus.

Quant à Vassilissa, elle grandit, devint aussi belle que sage et épousa le tsar en personne. Mais cela est une autre histoire. Tu la liras peut-être un jour aussi.

# Le roi des oiseaux

Un matin, les oiseaux se réunirent et décidèrent d'organiser un concours pour savoir lequel d'entre eux volerait le plus haut. Le vainqueur serait proclamé roi des oiseaux.

« Aigle va gagner, dirent les autres oiseaux. Il est majestueux et fort. »

« Pourquoi le vainqueur serait-il le plus fort ? » pensa Roitelet, et cette question le tracassait encore quand le concours débuta.

Pivert tambourina sur un arbre. Il frappa son bec contre le tronc à plusieurs reprises, tel un batteur, son tambour. Alors, un par un, les oiseaux s'envolèrent dans un bruissement d'ailes.

Tétras fut le premier à faire demi-tour. Son corps était trop lourd et ses ailes trop courtes pour le porter. « Revenez, revenez », disait-il en plongeant vers le sol.

Bientôt, seuls deux oiseaux restèrent en compétition. Il s'agissait de l'aigle puissant et du minuscule roitelet. Aigle monta en flèche vers le soleil, toujours plus haut, décrivant des cercles dans l'azur. Roitelet, lui, montait tout droit en agitant frénétiquement ses ailes.

« Je n'en peux plus… pantela-t-il. Je dois ruser. » Alors il se laissa tomber et, doucement, se posa sur le dos de l'aigle.

Aigle, qui ne se doutait de rien, regardait partout dans le ciel et ne voyait Roitelet nulle part. « J'ai gagné, annonça-t-il, je suis le roi ! »

Au même moment, Roitelet sortit des plumes de l'aigle et, d'un coup d'aile, s'envola encore plus haut. « Non, c'est moi qui ai gagné ! dit-il. Je suis le roi ! »

Aigle ne pouvait plus rien faire. Il était exténué et ses ailes, endolories, ne pouvaient plus le soulever. Il revint en planant vers le sol. Le jour même, il y eut une cérémonie à laquelle tous les oiseaux assistèrent. Roitelet fut couronné roi des oiseaux.

Roitelet sourit en secret à Aigle. « Je n'y serais pas arrivé sans toi, dit-il.

– C'est vrai, tu t'es servi de ma force, répliqua Aigle.

– Et de ma tête », rétorqua Roitelet en riant.

# Le nain Tracassin

Il était une fois un meunier vantard qui avait une fille d'une grande beauté. Un jour, le roi, traversant le village à cheval, fut ébloui par la grâce de la jeune fille et, captivé, il s'arrêta devant elle.

Le meunier, pour se faire valoir, s'approcha et lui chuchota à l'oreille : « Cette beauté, mon roi, sait aussi filer la paille et en faire de l'or. »

Sans dire un mot, le roi souleva la jeune fille de terre, l'installa derrière lui, sur la selle, et galopa à bride abattue jusqu'à son château.

Là, il la conduisit à une tourelle où, tout en haut d'un escalier en colimaçon, se trouvait une petite salle sombre remplie de paille.

« Tu ferais mieux de te mettre à l'ouvrage maintenant, ordonna-t-il. Demain matin, je veux que toute cette paille soit changée en or, sinon tu mourras. »

La fille du meunier s'accroupit et se mit à pleurer.

« Je ne sais pas filer la paille en or, sanglotait-elle. Personne ne le sait.

– Vraiment ? » s'enquit une voix qui venait de la fenêtre. La fille du meunier leva les yeux. Là, à califourchon sur une cuillère en bois, se tenait le plus étrange petit bonhomme qu'elle eût jamais vu.

« Je peux le faire pour toi », dit-il d'une voix éraillée en sautant dans la salle. « Mais que me donneras-tu en échange ?

– Euh… mon collier », répondit la fille du meunier, sans trop réfléchir.

« C'est d'accord », gloussa l'étrange petit homme. Il s'assit devant le rouet et se mit à filer. *Rrrr, rrrr, rrrr* fit la roue. Peu à peu, de bobine en bobine, la paille fut transformée en fil d'or. Au matin, le petit homme avait disparu, en laissant un tas d'or. Quand le roi entra, ses yeux s'illuminèrent de plaisir.

« Suis-moi », dit-il à la jeune fille. Il la conduisit à une salle bien plus grande, qui, une fois encore, croulait sous la paille. « Transforme la paille en or d'ici demain matin ou tu mourras. »

En pleurs, la fille du meunier se précipita à la fenêtre et y trouva de nouveau l'étrange petit homme. « Que me donneras-tu, cette fois, si je t'aide ? demanda-t-il.

– La bague à mon doigt », répondit-elle.

L'étrange petit homme s'assit et se mit à filer la paille. *Rrrr, rrrr, rrrr* fit la roue, changeant la paille en or.

Au matin, il n'était plus là, mais, à sa place, se trouvait un tas d'or.

« C'est merveilleux, dit le roi. Mais ce n'est pas suffisant. » Il conduisit la fille du meunier vers une salle immense, où la paille s'amoncelait jusqu'au plafond.

« File cette paille, toute la nuit s'il le faut, commanda le roi. Si tu réussis, tu deviendras ma femme. »

Cette nuit-là, le petit homme apparut pour la troisième fois. « Que me donneras-tu si je t'aide encore ? demanda-t-il.

– Je n'ai plus rien à te donner, bredouilla la fille du meunier.

– Promets-moi, exigea le petit homme, quand tu seras reine, de me donner ton enfant premier-né. »

La fille du meunier accepta. « Il oubliera », réussit-elle à se convaincre.

Au matin, à son arrivée, le roi trouva assez d'or pour vivre dans l'opulence le restant de ses jours. Le lendemain, il épousa la fille du meunier, ainsi qu'il le lui avait promis.

Une année passa. La reine mit au monde un garçon, qu'elle aimait plus que sa propre vie. Elle avait complètement oublié l'étrange petit homme et son serment jusqu'à ce que, par une nuit enneigée, il vînt frapper à sa fenêtre.

« Donne-moi donc ce que tu m'as promis, dit-il en regardant fixement l'enfant.

– Non ! Non ! l'implora la reine. Prends tout ce que tu veux, mais je t'en supplie, laisse-moi mon enfant chéri. »

Le petit homme fronça les sourcils et eut pitié d'elle. « Je t'accorde trois jours, annonça-t-il. Si tu découvres mon nom au bout de ce délai, tu pourras garder ton enfant. »

La reine, qui cherchait à se remémorer les noms qu'elle avait entendus, ne dormit pas de la nuit. Quand le petit homme se présenta, elle dit : « Jean ? Pierre ? Jacques ? »

À chaque fois, le petit homme secouait la tête et déclarait : « Ce n'est pas mon nom. »

Le lendemain, la reine parcourut son royaume jusqu'aux confins et interrogea tous ceux qu'elle rencontrait. Cette nuit-là, elle énuméra tous les noms qu'elle avait recueillis, même les plus étranges.

« T'appelles-tu Jarret-de-mouton ? Ou Côte-d'agneau ? Ou Bretelles ? » demanda-t-elle, de plus en plus inquiète.

À chaque fois, le petit homme secouait la tête et disait : « Ce n'est pas mon nom. »

Le troisième et dernier jour, la reine explora de nouveau son royaume de fond en comble. Peine perdue. Elle rentra bredouille. Elle était désespérée.

« Aujourd'hui , il m'est arrivé quelque chose d'étrange », relata le roi, alors qu'ils soupaient. « Je suis allé à la chasse. Je me trouvais au plus profond de la forêt, quand j'ai aperçu une petite maison. Dehors, autour d'un feu, un drôle de petit homme sautait et chantait une chanson mystérieuse :

*Aujourd'hui, je fais cuire le pain,*
*Je brasserai la bière demain,*
*Ha ! je suis vraiment le plus malin,*
*Parce que j'ai pour nom Tracassin ! »*

En entendant la chanson, le reine ne put retenir un large sourire, mais elle se garda bien de dire pourquoi.

Cette nuit-là, quand le petit homme entra, elle fit semblant d'hésiter : « Ton nom est Jambe-de-bois ? Non… Zébédée ?

– Non ! Non ! » riait à gorge déployée le petit homme. Il gambadait partout tellement il s'amusait.

« Peut-être, poursuivit la reine, après une longue pause, que ton nom est Tracassin ?

– Comment le sais-tu ? » hurla le petit homme, des larmes de rage plein les yeux, la menaçant de son poing.

Ensuite, il bondit sur sa cuillère en bois, traversa le mur en trombe et disparut à tout jamais.

# Frère Lapin et le mûrier sauvage

Voici l'histoire d'un animal malicieux, appelé Frère Lapin, qui avait un vieil ennemi, Frère Renard. Ces deux-là se chamaillaient sans cesse et c'était à celui qui jouerait un tour pendable à l'autre.

« C'est un vaurien, pensait Frère Renard. Il est grand temps de lui donner une bonne leçon. » Pour cela, il décida de fabriquer un piège. Il prit une longue corde, l'attacha à un arbre et fit un nœud coulant à l'autre bout. Puis il la posa sur le sol en la dissimulant sous un tas de feuilles.

*Hop, hip, hip, hop !* fit le fougueux lapin en se pavanant à travers les champs, tel le roi du monde.

Frère Renard riait sous cape en l'entendant. Il s'accroupit dans les buissons et se cacha aux yeux de tous.

Frère lapin bondissait fièrement le long du chemin quand… PLONG ! La corde s'enroula autour de son pied et le souleva du sol.

« Euh… ! Oh ! » fit Frère Lapin.

Il remua, gigota, gesticula, se tortilla, se trémoussa, se contorsionna, se balança, rien n'y fit, le piège s'était refermé sur lui. Frère Lapin était bel et bien prisonnier.

Frère Renard avait observé toute la scène avec un sourire malin. À la fin, il n'y tint plus, sortit de sa cachette et fanfaronna.

« Je t'ai attrapé ! cria-t-il. Maintenant, je vais te dévorer, et sans plus tarder ! »

Il s'en pourléchait d'avance les babines.

« Hourra ! s'exclama alors Frère Lapin.

– Hourra ? s'étonna Frère Renard. Tu veux être mangé ?

– Oh oui ! chanta Frère Lapin. Mange-moi. Fais-moi frire, fais-moi bouillir, revenir en fricassée, mais surtout, s'il te plaît, ne me jette pas dans les fourrés.

– Les fourrés ? Au milieu des mûriers sauvages ? demanda, incrédule, Frère Renard.

– C'est plein d'épines, qui grattent, qui piquent et qui égratignent. Surtout, surtout, s'il te plaît, ne me jette pas dans les fourrés. Les épines vont me déchirer, c'est sûr.

– C'est exactement ce que je comptais faire », dit Frère Renard avec un large sourire.

Il attrapa Frère Lapin par les oreilles et le projeta dans les airs.

Frère Lapin tourna sur lui-même, telle une toupie, avant d'atterrir – PLOUF ! – en plein milieu du fourré de mûriers sauvages.

Frère Renard s'attendait à des cris, à des hurlements, à des supplications et à des prières, mais, au lieu de cela, *hop, hip, hip, hop !*

« Lalala ! chantait Frère Lapin. Ha, ha, ha ! Je suis né dans ces mûriers sauvages. Je les connais comme la paume de ma patte. »

Fier du tour pendable qu'il venait de jouer, Frère Lapin rentra chez lui, en se pavanant.

# Issun, l'enfant-pouce

Monsieur et madame Sato habitaient dans la campagne japonaise. Ils possédaient une petite maison avec un petit jardin plein de plantes vigoureuses, et un petit enclos avec des animaux en bonne santé. Il ne manquait qu'un enfant à leur bonheur.

« Comme j'aimerais que notre petite maison résonne des cris d'un fils ou d'une fille ! soupira un jour madame Sato.

– Moi aussi, dit monsieur Sato, mais notre maison est trop petite pour loger trois personnes.

– Nous pourrions avoir un enfant minuscule, pas plus haut qu'un pouce, suggéra sa femme.

– Pas plus haut que mon pouce ! répéta monsieur Sato en riant aux éclats. Personne n'est aussi petit. »

Au même instant, une fée qui survolait la maison les entendit parler.

Elle s'émerveilla devant la vigueur des plantes et des animaux. « Voilà un gentil couple, pensa-t-elle. Je vais les récompenser. » Elle agita sa baguette au-dessus de la maison et murmura une formule magique.

Peu de temps après, monsieur et madame Sato eurent un petit garçon… pas plus haut qu'un pouce. Ils l'appelèrent Issun-Boshi, ce qui veut dire « garçon de un pouce », ou Issun.

Les années passèrent, les plantes et les animaux du couple grossissaient et se fortifiaient, contrairement à Issun. Mais personne ne s'en inquiétait.

Un jour, Issun décréta qu'il allait chercher du travail dans la grande ville voisine. Il s'arma d'une minuscule aiguille à coudre en guise d'épée, au cas où il rencontrerait des monstres, et se mit en route.

Après un long voyage, il arriva devant le palais de l'empereur. Il avança jusqu'au portail.

« Je cherche du travail et je viens en demander à l'empereur », annonça-t-il, d'un air résolu, aux gardes devant l'entrée.

Ceux-ci éclatèrent de rire. « Que sais-tu faire ?

– D'abord, entrer sans que vous m'en empêchiez », répondit-il en se précipitant dans la cour du palais, où se tenait une servante qui lavait les chaussettes de l'empereur.

« Je cherche du travail », dit-il d'un ton assuré.

La servante se moqua. « Que sais-tu faire ?

– D'abord, entrer sans que tu m'en empêches », rétorqua-t-il en filant tout droit dans les cuisines, où le chef préparait le dîner de l'empereur.

« Je cherche du travail », dit-il hardiment.

Le chef s'esclaffa. « Que sais-tu faire ?

– D'abord, entrer sans que tu m'en empêches », riposta-t-il en déboulant dans la salle du trône, où l'empereur s'adressait à ses courtisans.

Issun s'inclina poliment. « Je cherche du travail, s'il vous plaît, Majesté, dit-il.

– Vraiment ? demanda en souriant l'empereur.

– Mais il est minuscule, papa ! s'étonna la princesse Mizuki. Que sait-il faire ?

– Eh bien, je suis entré sans que vos gardes, votre servante et votre chef m'en empêchent, dit Issun.

– Puisque c'est ainsi, tu seras le garde du corps de la princesse », décréta l'empereur avec un large sourire.

À partir de cet instant, Issun suivit la princesse comme son ombre.

Un jour, alors qu'ils se promenaient dans la forêt, un ogre abominable surgit devant eux.

« Enfin, c'est l'heure de déjeuner ! » grogna-t-il en saisissant Mizuki, terrifiée.

« Pose-la ! » ordonna Issun.

L'ogre partit d'un énorme éclat de rire. « Que vas-tu faire, toi ? » dit-il. Il empoigna Issun et le porta à son énorme bouche.

Issun sortit aussitôt son épée et l'enfonça dans la langue de l'ogre.

« Aaaaaïe ! » hurla l'ogre. Il recracha Issun et déguerpit en gémissant.

« Merci, Issun, dit la princesse Mizuki. Regarde, l'ogre a abandonné son marteau ! » Elle se baissa et tenta de le ramasser, mais il était trop lourd. Elle s'adressa alors en ces termes à Issun : « J'aimerais que tu sois assez fort pour le soulever ! » Il y eut un éclair et Issun devint aussi grand que la princesse.

« Le marteau est magique ! dit Issun. Il a exaucé ton vœu. »

La princesse sourit. Déjà, avant la transformation d'Issun en jeune homme, elle était tombée amoureuse de son minuscule garde du corps. Elle accepta de l'épouser, car, petit ou grand, il était courageux.

# Les cygnes sauvages

Il était une fois, dans un royaume lointain, où les hirondelles venaient passer l'hiver, un roi qui était veuf et élevait seul ses onze fils et sa fille, Élisa. Un temps, ils vécurent heureux dans le palais, veillant affectueusement les uns sur les autres. Puis le roi se remaria.

Sa nouvelle épouse, qui haïssait les enfants, était une sorcière. Elle décida bientôt de se débarrasser d'eux. Elle confia Élisa à des paysans, chargés de la garder jusqu'à son quinzième anniversaire. Ensuite, ce fut le tour de ses beaux-fils. Un jour, elle leur dit :

« Le vaste monde vous attend. Envolez-vous tels des oiseaux sauvages et muets. »

À ces mots, les princes se changèrent en onze magnifiques cygnes sauvages et prirent leur envol à travers les fenêtres du palais et au-delà des bois.

Ils avaient l'intention d'aller chercher Élisa chez les paysans, mais ils étaient ensorcelés. Ils tentèrent vainement de s'arrêter, mais furent obligés de tendre le cou et de battre des ailes jusqu'à rejoindre les nuages et parcourir le vaste monde.

Ils se posèrent finalement dans une sombre forêt, en bordure de la mer.

Élisa, restée chez les paysans, se morfondait, attendant avec impatience d'avoir quinze ans et le droit de rentrer au palais.

Quand ce jour arriva enfin, elle était devenue très belle. En la voyant paraître devant elle, la reine eut un accès de jalousie. Elle enduisit le visage de la jeune princesse de suie et frotta ses beaux cheveux avec de la boue. Ainsi, Élisa était méconnaissable. Quand elle s'approcha de son père, il la dévisagea sans la reconnaître.

Désespérée, elle courut se cacher dans les bois.

Elle se débarbouilla à l'eau claire d'une rivière et erra, perdue, dans l'espoir qu'un miracle lui permît de retrouver ses frères.

Elle suivit le cours de la rivière jusqu'à l'embouchure et s'assit, face à la mer, admirant le jeu des vagues. Au coucher du soleil, elle vit onze cygnes portant chacun une couronne d'or sur la tête. Les uns derrière les autres, avec noblesse, tel un ruban de soie blanc agité par la brise, ils descendirent vers la plage.

Au moment précis où le soleil se couchait à l'horizon, ils secouèrent leurs ailes et, devant les yeux ébahis d'Élisa, se changèrent en princes élégants.

« Mes frères ! » s'écria Élisa au comble de la joie. Elle les appela par leur prénom, et ils la reconnurent tout de suite.

« Nous vivons de l'autre côté de la mer,

lui expliquèrent-ils. Nous ne reprenons forme humaine qu'à la nuit tombée et nous ne pouvons revenir chez nous qu'une fois par an. Demain, nous devrons repartir.

– Je viens avec vous », décréta Élisa. Ils acceptèrent avec joie et elle put enfin prendre un peu de repos.

Au lever du soleil, Élisa fut réveillée par le bruissement des ailes des cygnes au-dessus de sa tête. Elle ouvrit les yeux : elle reposait sur un tapis d'osier porté à travers les airs.

Telles des flèches décochées qui fendraient l'air, ses frères volèrent toute la journée. Au coucher du soleil, ils durent se réfugier sur un étroit rocher noir et escarpé. Ils s'agrippèrent les uns aux autres, tandis que de grosses vagues battaient la roche. Sombrant peu à peu dans le sommeil, Élisa n'avait plus qu'une pensée :

« S'il vous plaît, puisse mon rêve me montrer comment libérer mes frères. »

Dans son rêve, elle volait jusqu'à un palais posé dans les nuages et une fée, étincelante et blonde, venait à sa rencontre.

« Si tu es courageuse, lui dit-elle, tu pourras libérer tes frères. Fais à chacun une tunique avec des orties. Quand ils l'enfileront, le sort sera rompu. Attention, tu ne dois pas parler avant que la dernière tunique soit terminée ! Si tu prononces un seul mot, tes frères mourront. »

La fée toucha alors la main d'Élisa avec des orties. Leurs piqûres brûlantes réveillèrent la jeune fille en sursaut.

De nouveau, tout le jour, les cygnes volèrent en portant Élisa sur le tapis. Ils arrivèrent enfin dans le pays montagneux où, désormais, ils résidaient.

Ils la déposèrent à côté d'une grotte, bordée d'orties. Elle en cueillit aussitôt une brassée, qu'elle se mit à tresser. Sous les piqûres, ses mains la brûlaient, mais elle n'émit pas un son.

Ses frères la regardaient, haïssant la douleur que lui infligeait chaque piqûre, mais ils comprenaient.

Elle travailla seule tous les jours, jusqu'à ce qu'une partie de chasse menée par le roi de ce pays passât près de la grotte.

Le roi aperçut Élisa et en tomba follement amoureux. Il l'emporta sur son cheval et la mena dans son palais. Élisa l'implorait du regard et des gestes, cherchant à lui faire comprendre qu'elle ne devait pas s'éloigner de la grotte.

Peine perdue. Elle continua pourtant de tresser des tuniques, tandis que le roi organisait leurs noces. La nuit avant le mariage, elle utilisa la dernière ortie.

« Il me reste une tunique à tresser, il faut que je cueille d'autres orties », se dit-elle.

Elle sortit. La lune éclairait le cimetière où elle savait trouver des orties. Mais un des conseillers du roi la suivit.

« C'est une sorcière ! Emparez-vous d'elle ! » ordonna-t-il aux gardes du palais. Puis il ajouta : « Elle a ensorcelé le roi. »

La pauvre Élisa fut jetée en prison.

« Elle sera exécutée demain », déclarèrent les conseillers du roi. Celui-ci avait le cœur brisé, mais il ne pouvait pas aller à l'encontre du verdict.

Cette nuit-là, dans le cachot, les gardes lancèrent à Élisa un oreiller d'orties et, en guise de couverture, les tuniques d'orties. Ils étaient loin de se douter qu'ils exhaussaient ainsi le désir de la jeune fille. Élisa se remit au travail sur-le-champ. Elle avait le temps de confectionner la dernière tunique.

Avant le lever du jour, son plus jeune frère apparut à la fenêtre du cachot. Il l'observa un moment avant de s'éloigner.

Puis Élisa fut conduite en charrette vers le lieu de son exécution. Même écrasée par le poids des chaînes, qui lui brisaient les poignets, elle cherchait désespérément à terminer la dernière tunique.

« Sorcière ! Sorcière ! » scandait la foule excitée et impitoyable sur son passage.

Alors, onze cygnes s'abattirent et formèrent un cercle protecteur autour d'Élisa en donnant de furieux coups de leurs puissantes ailes blanches.

« C'est un signe ! murmura la foule, ébahie. Serait-elle innocente ? »

Quand le bourreau l'empoigna, elle lança les tuniques sur les oiseaux. Onze princes apparurent. Seul le plus jeune avait encore une aile, car Élisa n'avait pas eu le temps de terminer la manche de la dernière tunique.

« Maintenant, je peux parler. Je suis innocente ! » leur cria Élisa.

Pendant qu'elle parlait, ses chaînes se changèrent en roses blanches, dont les pétales tombèrent un à un à terre. Le roi cueillit une rose et la tendit à la jeune fille.

« Veux-tu m'épouser ? demanda-t-il.

– Oui, je le veux », répondit Élisa dans un sourire.

Élisa, le roi et les onze princes revinrent triomphants au palais. Le mariage fut célébré dans la joie.

# Le pêcheur et sa femme

Il était une fois un pêcheur et sa femme qui logeaient dans une masure, au bord de la mer. Tous les jours, le pêcheur sortait sa barque et jetait sa ligne dans l'eau, jusqu'à ce jour incroyable où il pêcha un poisson qui parlait.

« Ne me mange pas, le supplia le poisson, car je suis un prince enchanté. »

Le pêcheur, ébahi, ôta l'hameçon aussi précautionneusement que possible. Sans réfléchir, il mit alors le poisson dans un seau…

qu'il rapporta chez lui.

« Tu n'as encore rien pris aujourd'hui ? grommela sa femme.

– Non, à part ça », répondit le pêcheur en posant le seau sur la table. « C'est un poisson qui parle.

– Ça alors ! » s'exclama sa femme en plissant les yeux. « Oh ! un poisson magique ? Peux-tu m'accorder un vœu ?

– Eh bien ! tu n'as qu'à demander », répliqua aussitôt le poisson.

La femme du pêcheur se frotta les mains avec avidité. « Je voudrais une belle demeure, dit-elle, de beaux habits et beaucoup d'or.

– Comme tu veux », dit le poisson, et ce fut fait. Le pêcheur et sa femme dansèrent de joie.

« ENCORE ! insista la femme du pêcheur.

– C'est bien assez ! répliqua le pêcheur.

– Absolument pas ! » riposta sa femme. Elle regarda le poisson.

« Je veux être plus riche ! ordonna-t-elle.

– C'est fait », dit le poisson.

En effet, leur maison était devenue un palais somptueux, leur humble barque, un grand voilier, et leurs vêtements étaient cousus de fils d'or et ornés de bijoux étincelants.

« Ha, ha ! s'exclama la femme du pêcheur.

– C'est plus que je n'en ai jamais rêvé, acquiesça le pêcheur.

– Pas encore, dit sa femme. Viens donc, petit poisson… Fais-nous roi et reine. »

Le poisson secoua la tête et soupira. « Vous êtes bien trop cupides », dit-il.

Aussitôt, l'or et les bijoux disparurent. Les beaux vêtements se transformèrent en haillons, le somptueux palais redevint masure… et le voilier, barque… Et, aujourd'hui, le pêcheur et sa femme se demandent encore s'ils n'ont pas rêvé toutes leurs richesses.

# Le roi Singe

Il y a bien longtemps, en Chine, vivait un singe, qui était très, très intelligent et aussi très, très méchant. Il se faisait appeler le roi Singe ; il était voleur et querelleur. En réalité, il causait tant de problèmes que l'empereur du Ciel, en personne, avait décidé de le surveiller. Pour cela, il lui offrit un travail près de lui, au ciel.

« Je suis le grand roi Singe, se rengorgeait Singe. Quel poste m'offrez-vous ?

– Eh bien ! soupira l'empereur, tu pourrais être le surintendant du Jardin des pêches célestes.

– Hum, hum ! des pêches… » répéta Singe, en se léchant les babines rien qu'en pensant aux fruits juteux. « J'accepte ! »

Le jardinier en chef montra le jardin à Singe.

« Ce sont des pêches magiques, dit-il. Les pêches orange permettent de voler dans le ciel, les pêches jaunes rendent sages…

– Je suis déjà assez malin », se vanta Singe d'une voix traînante, en ricanant.

« Mais les pêches violettes sont les biens les plus précieux du jardin, poursuivit le jardinier. Elles sont mûres au bout de neuf mille ans. En manger une rend immortel.

– Étonnant ! » s'exclama Singe.

Quelque temps plus tard, Singe repéra parmi les feuilles d'un pêcher une pêche violette bien mûre.

« Quel goût peut-elle avoir ? » se demanda-t-il, avant de la gober tout entière.

Elle était délicieuse. Quand il en trouva une autre mûre, il la dévora, puis la suivante… puis une autre… jusqu'à la dernière.

Enfin, ce fut le jour du banquet annuel des pêches de l'empereur. Des serviteurs, chargés de paniers, arrivèrent pour cueillir les fruits. Ils trouvèrent de nombreuses pêches jaunes et de grandes quantités de pêches orange, mais les pêches violettes semblaient avoir subi une tempête. Il ne restait plus que branches cassées et feuilles arrachées.

« Où est passé ce singe ? s'emportèrent-ils. L'empereur sera furieux ! »

Singe, perché dans un arbre, écoutait en silence. « Euh... oh ! pensa-t-il. Il est temps de partir. » Il trouva refuge sur la Terre.

Très mécontent, et bien décidé à punir le méchant singe, l'empereur décida d'envoyer des soldats pour le ramener au ciel.

Mais Singe, qui avait mangé beaucoup de pêches violettes, avait acquis une force extraordinaire, si bien qu'il était impossible de le contraindre, même à bouger d'un pouce.

En désespoir de cause, l'empereur envoya chercher Bouddha – le seigneur le plus puissant du Ciel.

« Tu dois mieux te comporter, dit d'un ton sévère Bouddha à Singe.

– Pourquoi devrais-je t'écouter ? l'interrompit Singe d'un ton mordant. Je suis le grand roi Singe ! Je suis invincible. Je suis immortel. C'est moi qui devrais être l'empereur du Ciel. »

Cela fit beaucoup rire Bouddha. Puis il tendit la main et demanda à Singe :

« Peux-tu sauter par-dessus ? Si tu y arrives, je te ferai empereur. Sinon, tu devras accepter ta punition.

– Facile », pouffa Singe, qui se tourna, sauta en l'air bien haut, atteignit les nuages… et retomba entre cinq hauts piliers roses.

« Les piliers du bout du monde, gloussa-t-il. J'ai gagné ! » Il griffonna son nom sur un pilier et, levant la patte, se soulagea sur un autre. Ensuite, il fit un saut périlleux en arrière.

À son retour, il vit que Bouddha n'avait pas bougé.

« Tu n'es pas malin pour un singe, dit Bouddha. Tu n'as pas quitté ma main de tout ce temps.

– Ridicule, se moqua Singe. Je suis allé jusqu'au bout du monde, et j'ai même écrit mon nom sur un pilier pour le prouver ! »

Bouddha secoua la tête. « Regarde bien ma main. »

Singe abaissa son regard. Là, sur l'un des doigts de Bouddha, il y avait un gribouillage familier – et une odeur bizarre aussi. Il ravala sa salive. Ce qu'il avait pris pour des piliers était en réalité les doigts de Bouddha. « Bon, il est grand temps que je parte », se dit-il.

Mais il ne put bouger. Bouddha leva la main et des rochers s'abattirent en pluie autour de l'animal, l'emprisonnant dans une montagne de pierre.

« Et tu resteras prisonnier, le menaça Bouddha, tant que tu ne changeras pas. »

# La belle au bois dormant

Il était une fois un roi et une reine, qui étaient les parents d'une magnifique petite fille. Le jour de son baptême, mille invités avaient été conviés, ainsi que les sept fées qui avaient accepté d'être ses marraines. Tour à tour, chacune d'elles voleta vers la jeune princesse et lui accorda un don, qui la beauté, qui l'intelligence, ou encore la grâce, la joie, la santé, le bonheur…

« POURQUOI N'AI-JE PAS ÉTÉ INVITÉE ? » les interpella soudain une voix glaciale. C'était la fée la plus âgée du royaume. Personne ne l'avait vue depuis cinquante ans et tout le monde l'avait complètement oubliée.

« Je te fais don de la mort, lança-t-elle. À seize ans, tu te piqueras le doigt avec un fuseau et tu en mourras. »

Le roi et la reine étaient désespérés, mais une autre fée vint les consoler.

« Je n'ai pas encore fait mon don. Hélas, je ne peux pas rompre ce sort, mais je peux l'affaiblir. Au lieu de mourir, la princesse dormira pendant cent ans, jusqu'au jour où un prince la réveillera d'un baiser. »

Dès le lendemain, le roi ordonna la destruction de tous les rouets et fuseaux du royaume.

Ainsi, la princesse grandit à l'abri du mauvais sort et devint une jeune fille aussi belle que charmante. Un jour, peu de temps après ses seize ans, elle explorait le château quand elle remarqua une tour inconnue. En haut d'un escalier en colimaçon, elle découvrit une salle minuscule, dans laquelle une vieille femme filait.

« C'est amusant ! dit la princesse. Puis-je essayer ?

– Bien entendu », répondit sans malice la fileuse. Mais à peine la princesse s'était-elle penchée sur le rouet qu'elle se piqua le doigt avec le fuseau et tomba dans un profond sommeil.

Quand ses parents, affolés, la découvrirent, ils tentèrent en vain de la réveiller. Éplorés, ils ordonnèrent qu'elle soit couchée sur son lit. Soudain, eux aussi se mirent à bâiller. Le sort était puissant.

Bientôt, tous les habitants du château sombrèrent à leur tour dans un profond sommeil : le roi et la reine, sur leur trône ; le surintendant, dans son bureau ; les ducs et les duchesses, les comtes et les comtesses, les valets de pied, les servantes et les cuisiniers ; les soldats, les chevaux, les palefreniers et les jardiniers. Même le petit chien de la princesse se coucha, se mit en boule et ronfla.

Peu à peu, les églantiers envahirent le jardin, les épines et les buissons recouvrirent le château, puis les tours et les créneaux du chemin de ronde disparurent aux yeux de tous.

Un jour, un siècle plus tard, un prince vint à passer par là. Il tira sur les rênes de son cheval et demanda ce qu'il y avait derrière l'inextricable enchevêtrement de branches dressées devant lui.

« Nul ne le sait, lui répondit-on. Un ogre… ou un fantôme ? Un sorcier ? Le mieux est de passer son chemin. »

Cependant, le prince était de nature curieuse. Il se tailla un passage à grands coups d'épée et arriva devant le château. Un silence étrange et inquiétant régnait à l'intérieur. Les tables étaient encore chargées de vins et de mets, qui avaient à peine été entamés. Les candélabres étaient recouverts de poussière et de toiles d'araignées. Dans la salle de bal, les danseurs sommeillaient dans les bras les uns des autres et les musiciens reposaient, calmement assoupis, à côté de leurs instruments muets. Dans les cuisines, même les souris étaient profondément endormies.

Le prince était perplexe. Il se rendit à l'étage et découvrit la princesse sur son lit. Elle était si jolie qu'il lui donna un baiser. Elle s'éveilla.

Ils tombèrent amoureux immédiatement. Alors que le petit chien de la princesse tournait autour d'eux en aboyant et en remuant la queue, ils décidèrent de se marier sans plus tarder.

Ainsi, le couple qui s'avançait vers la salle du trône passa au milieu des habitants à peine réveillés du château. La cérémonie du mariage eut lieu à la suite, mais, puisque personne n'avait sommeil, les réjouissances durèrent tout un mois.

# Hansel et Gretel

Hansel et Gretel demeuraient à l'orée d'une grande forêt avec leur père, un pauvre bûcheron, et leur belle-mère. Une nuit, alors que, tenaillés par la faim, ils ne trouvaient pas le sommeil, ils entendirent leur belle-mère déclarer : « Nous n'avons plus rien à manger, mon ami, nous ne pouvons plus nourrir tes enfants. Demain, nous irons les perdre en forêt.

– Jamais ! » s'écria leur père, épouvanté à l'idée que ses enfants chéris fussent déchiquetés et taillés en pièces par des bêtes sauvages. Mais, sa femme ne lui laissant aucun répit, il fut bien obligé d'y consentir.

« Je suis sûr que quelqu'un les trouvera et les sauvera, lui susurra-t-elle pour le réconforter. S'ils restent avec nous, ils vont mourir de faim. »

Gretel jeta un regard plein d'effroi à Hansel.

« Ne t'inquiète pas », murmura-t-il. Sans faire de bruit, il se glissa dehors et ramassa une poignée de petits cailloux blancs.

Personne ne remarqua son absence.

« Nous allons en forêt couper du bois, annonça la belle-mère le lendemain. Vous, les enfants, vous rassemblerez les brindilles en fagots pour le feu. »

Ils se mirent tous en route ; de temps en temps, Hansel laissait tomber un caillou blanc. À la tombée de la nuit, Hansel et Gretel se retrouvèrent tout seuls. Les ombres noires se faisaient menaçantes. Heureusement, sous la lune, les cailloux brillaient, leur montrant le chemin de la maison. Leur père fut ravi de les revoir ; leur belle-mère, un peu moins.

« Nous recommencerons, siffla-t-elle.

– Je partagerai mon quignon de pain en trois... » balbutia le père, avant d'y consentir, une fois encore.

Cette fois, Hansel déroba un morceau de pain qu'il éparpilla en secret.

Malheureusement, quand les enfants, abandonnés, cherchèrent le chemin du retour, les miettes avaient été dévorées par les oiseaux. Il ne restait rien. Ils étaient bel et bien perdus.

Alors, ils s'enfoncèrent au plus profond de la forêt, sans but. Ils avaient faim, ils étaient épuisés et apeurés. Ils erraient ainsi depuis des heures, quand ils aperçurent une chaumière. C'était la plus extraordinaire des chaumières. De la cheminée à la porte d'entrée, elle était en pain d'épice, et décorée de pâte d'amande et de pâte à sucre.

Incapable de résister davantage à la faim, Hansel se précipita sur la maison et cassa un bout du

rebord de la fenêtre. Au même moment, une vieille femme ouvrit la porte.

« Mes pauvres petits, vous devez être affamés pour dévorer ainsi ma maison, dit-elle d'une voix mielleuse. Restez donc avec moi. Vous mangerez tout ce que vous voulez. »

Mais la vieille était une sorcière qui considérait les petits enfants comme des mets de choix. « Je vais me régaler », songea-t-elle.

Pour commencer, elle leur cuisina un repas consistant. Hansel et Gretel, le ventre plein pour la première fois depuis des mois, se couchèrent. Le lendemain matin, quand les enfants descendirent l'escalier, la sorcière saisit Hansel et le poussa dans une remise. « Ton petit déjeuner t'attend là-bas, dit-elle.

– Que faites-vous ? s'exclama-t-il.

– Un bon bout de gras pour ma marmite », grogna-t-elle en verrouillant la porte. Elle se tourna ensuite vers Gretel. « Ne reste pas là, paresseuse, au travail ! »

Les jours suivants, la petite fille dut laver la vaisselle et récurer les sols, tandis que la sorcière préparait des plats délicieux qu'elle remettait à Hansel à travers une ouverture percée au fond de la remise.

Tous les matins, la sorcière aboyait : « Tends le

doigt que je voie si tu as grossi. »

Hansel tendait toujours une brindille. La sorcière, qui avait une mauvaise vue, ne se doutait de rien, mais elle se demandait pourquoi il restait si maigre.

Quatre semaines plus tard, comme il n'avait toujours pas grossi, elle s'écria : « Que Hansel soit gras ou maigre, je le mangerai AUJOURD'HUI ! Ouvre le four, Gretel, et entre dedans pour me dire s'il est assez chaud. »

Gretel eut une idée. « Mais je n'y arriverai jamais ! dit-elle. Personne ne le peut.

– Même moi j'en suis capable, petite sotte ! rétorqua la sorcière avec hargne. Regarde ! » et elle passa la tête dans le four.

Sans perdre une seconde, Gretel la poussa au fond et claqua la porte. La sorcière hurla de rage. Gretel se précipita vers la remise et délivra Hansel.

Quand les enfants, enfin libres, explorèrent la cabane de la sorcière, ils découvrirent un coffre qui débordait de bijoux étincelants. Ils mirent des rubis, des saphirs et des émeraudes dans un sac et retournèrent dans la forêt, en espérant retrouver le chemin pour rentrer chez eux.

Au crépuscule, ils atteignirent la maison de leur père. Celui-ci, qui avait enfin chassé sa méchante femme, avait perdu l'espoir de les revoir. Bouleversé, il les embrassa, les prit dans ses bras et les embrassa de nouveau. Ils vécurent ainsi heureux le restant de leurs jours.

# Le lion et la souris

Par un chaud et paisible après-midi, une petite souris trottinait vivement dans la forêt. Elle était si pressée de rejoindre l'obscurité et la fraîcheur de son trou qu'elle ne prêta pas attention ni aux ronflements sonores ni à la mâchoire acérée d'un lion endormi. Boum ! Elle le heurta de plein fouet. « De quel droit oses-tu me déranger ? » grogna le lion, furieux d'être ainsi réveillé. Il la regarda d'un air menaçant. « Je vais t'avaler tout entière !

– Je… je… je suis dé… dé… désolée, couina la souris. Laisse-moi partir, je te promets, je te revaudrai cela.

– Ha, ha ! fit le lion. Et comment, s'il te plaît, une petite souris telle que toi pourrait m'aider, moi, le roi des animaux ? Tu me fais bien rire. Pour la peine, je ne te mange pas, mais pars vite, avant que je change d'avis. »

La petite souris n'hésita pas longtemps. Elle détala sans se retourner.

Quelques mois plus tard, elle furetait dans la forêt quand elle entendit un furieux « grrr ! »

« Le lion, pensa-t-elle. Il a l'air d'avoir des ennuis. »

En effet, le lion était tombé dans un piège. Il était pris dans un filet de cordes et tentait désespérément de se libérer. Prestement, la souris escalada le filet et planta ses incisives dans les cordes. Puis elle entreprit de les ronger, de les rogner, de les grignoter jusqu'à ce que clac… ! le lion fût libéré.

« Merci », soupira le puissant animal en baissant la tête à la hauteur du petit animal et en souriant de tous ses grands crocs. « Tu m'as sauvé ! J'avais tort de me moquer de toi. Je sais maintenant qu'on a toujours besoin d'un plus petit que soi. »

# La princesse au petit pois

Il était une fois un prince qui désirait plus que tout épouser une authentique princesse. Malgré les efforts qu'il déployait, il n'en trouvait pourtant aucune qui convînt. Par conséquent, il passait son temps triste et seul en compagnie de sa mère, la reine.

Un soir, alors que la pluie tombait dru, une étrangère se présenta au palais. L'eau coulait de ses cheveux. « S'il vous plaît, pourrais-je dormir ici cette nuit ? implora-t-elle. La tempête fait rage et je suis loin de chez moi.

– Évidemment », répondit le prince.

L'étrangère sourit. Dans ses cheveux trempés, une couronne scintillait.

« Vous êtes une princesse ? » s'enquit-il, plein d'espoir.

L'étrangère hocha la tête.

Le prince et la princesse passèrent le reste de la soirée à parler et à rire. À la tombée de la nuit, ils étaient follement amoureux.

« Elle ressemble vraiment à une princesse, pensait la reine en l'observant. Mais comment en être sûre ? » Une idée germa alors dans son esprit. « Je vais faire moi-même le lit de notre invitée », déclara-t-elle à l'intendante du château, qui en resta interloquée. « Mais j'ai besoin d'un petit pois… »

La reine glissa le petit pois sous un drap et empila par-dessus vingt matelas moelleux et vingt édredons rembourrés en duvet de canard. « Seule une vraie princesse sera gênée par le petit pois », se dit-elle.

La pile sur le lit était si haute que, pour se coucher, la princesse dut monter à une échelle. Elle pensa que c'était là une disposition bien étrange mais, par politesse, ne fit aucune remarque.

Le lendemain matin, quand elle entra dans la salle du petit déjeuner, elle avait les traits tirés.

« Avez-vous bien dormi ? » s'enquit la reine.

La princesse hésita. « C'était un peu étrange, admit-elle. En réalité, je n'étais pas bien installée, car il y avait une grosse bosse dans le matelas… »

Le prince partit d'un grand éclat de rire. « Je savais que tu étais une vraie princesse, s'écria-t-il. Hourra ! Veux-tu m'épouser ?

– Oh oui ! » répondit la princesse en souriant de bonheur.

Ils se marièrent aussitôt. Le petit pois se trouve encore aujourd'hui exposé dans le musée du palais. Tu pourras même le voir si tu viens en visite.

# Le Tiddalik

Il y a fort longtemps, au temps du rêve et au commencement du monde, vivait la plus grande grenouille qui eût jamais existé. Elle était surnommée le Tiddalik. Un matin, le Tiddalik se réveilla, la gorge en feu : « J'ai soif », coassa-t-il.

Il lapa frénétiquement les cascades écumantes ; il goba et aspira les sources et les ruisseaux qui gargouillaient joyeusement ; il engloutit les marais et les derniers points d'eau ; il assécha tous les lacs et les rivières.

Pourtant, il n'arrivait toujours pas à étancher sa soif. Alors, il lança dans le ciel sa longue langue gluante, en quête de nuages de pluie.

Quand il réussissait à attraper un nuage, il tirait dessus, le sortait du ciel, le gobait, puis le faisait descendre le long de sa gorge, où il éclatait en un million de gouttelettes de pluie.

Son corps enfla, s'arrondit et devint énorme. Ce n'est qu'à ce moment-là, enfin, que le Tiddalik n'eut plus soif du tout.

Mais le monde était maintenant un endroit sec et désert. Les plantes flétrirent, jaunirent et moururent. Les feuilles tombèrent des arbres, les arbres s'écroulèrent à terre, et la terre soupira et gémit : « Au secours, je meurs de soif. »

Les animaux comprirent qu'il était de leur devoir de sauver le monde. Résolus à agir vite, ils se rassemblèrent près des rives asséchées de la rivière Molonglo.

« Le Tiddalik doit nous rendre notre eau », vagit le crocodile dans un claquement de dents.

« Comment faire ? jasèrent les perroquets.

– Nous devons le faire rire, grogna un vieux et sage wombat. Si nous réussissons à lui faire ouvrir la bouche, l'eau en sortira à gros bouillons. »

Tous les animaux se ruèrent vers les landes du Kwongan, où le Tiddalik avait élu domicile. D'abord, le kookaburra raconta sa meilleure plaisanterie. L'émeu rit si fort qu'il réveilla les chauves-souris. Le Tiddalik n'y prêta aucune attention.

Les kangourous se mirent à bondir à travers un cerceau, tandis que le scinque à langue bleue faisait rosir sa langue. « C'est rigolo ! » s'esclaffa le grand bandicoot-lapin. Mais le Tiddalik n'écouta même pas.

Des jours entiers, les animaux firent la fête, dansant et se racontant d'innombrables plaisanteries.

La grenouille, tout enflée, ne montra pas la plus petite lueur d'intérêt. Enfin, en dernier, l'anguille ondula devant tous.

Elle s'entortilla sur elle-même et sauta tel un ressort cassé. Pour la première fois, le Tiddalik sembla troublé.

L'anguille bondit de nouveau et fit onduler son corps. Le Tiddalik eut un sourire timide, puis ses joues rebondies tremblotèrent un peu.

Pour son dernier numéro, l'anguille se redressa et fit plusieurs nœuds avec sa queue. Le Tiddalik se tint le ventre et laissa échapper un bruyant éclat de rire. L'eau jaillit de sa bouche béante dans un grondement assourdissant.

Elle s'infiltra dans les fissures du sol desséché et bouillonna jusqu'aux sources, qu'elle remplit. De là, elle courut jusqu'aux ruisseaux, aux rivières et aux torrents ; elle alimenta les lacs, les fleuves et les mers. Le monde fut de nouveau irrigué.

Ensuite, le ciel s'obscurcit, les nuages se mirent à grossir et, un après l'autre, ils éclatèrent en grosses averses généreuses qui imbibaient les sols. La vie revint enfin sur la Terre.

Le Tiddalik fut soudain pris de honte. « Je promets… je promets… coassa-t-il, que jamais plus, je ne serai aussi goulu. »

# Le melon magique

Lee vivait dans un petit village chinois entouré de rizières vertes plantées à flanc de coteaux. Tout l'été, les villageois prenaient soin de leurs champs, tandis que Lee, lui, paressait au soleil. Il ronflait pendant la plantation et faisait la sieste pendant la récolte.

Quand enfin l'odeur du riz fraîchement préparé emplit l'air… « C'est l'heure de dîner », s'exclama Lee en bâillant.

Mais les villageois, excédés, ne voulurent pas partager. « Tu n'es qu'un bon à rien ! lui dirent-ils. Celui qui ne s'occupe pas de cultiver le riz ne peut pas le manger. »

L'estomac de Lee gargouilla. « Que dois-je faire ? » se demanda-t-il. Il regarda autour de lui – et remarqua un vieil homme tenant un melon.

« J'ai bien faim, geignit-il. S'il vous plaît, donnez-moi une tranche de melon.

– Non », répliqua l'homme. Le visage de Lee se décomposa. Puis l'homme expliqua plus gentiment : « Ce melon est magique. Dis-moi ce que tu veux manger.

– Du riz », soupira Lee, en se passant la langue sur les lèvres.

L'homme tapota le melon et *ping !* un bol de riz bien chaud apparut.

« C'est étonnant, souffla Lee en avalant goulûment. J'aimerais moi aussi avoir un melon magique.

– Tu peux en faire pousser un, dit l'homme, mais cela demande du travail. » Il sortit une petite graine. « Il faut d'abord labourer la terre et la débarrasser des mauvaises herbes, puis planter la graine et l'arroser trois fois par jour.

– Si ce n'est que cela », rétorqua Lee. D'abord, il travailla d'arrache-pied, puis un peu moins, ensuite plus du tout. Enfin, comme il s'ennuyait ferme, il décida : « Je vais faire un petit somme… »

Chaque jour, Lee sommeillait et le melon se développait… Quand il fut bien rond et mûr, il le cueillit.

« Hum ! du riz bien blanc », dit-il gaiement en tapant sur le melon. *Ping !* Ce fut une croûte de pain sec qui apparut. « Qu… qu… quoi ? » bégaya-t-il.

Derrière lui, il entendit un rire. C'était le vieil homme, qui dit : « Tu n'as pas pris soin du melon. » Lee baissa la tête. « Paresser ne fait pas cuire le riz. »

# Les trois petits cochons

Il était une fois trois petits cochons qui habitaient avec leur maman. Comme tous les petits cochons, ils grossissaient à vue d'œil. Un jour, leur maison devint trop petite pour les accueillir. Ils durent s'en aller dans le vaste monde à la recherche d'un logis bien à eux.

Ils trottinaient joyeusement, quand ils rencontrèrent un homme qui vendait de la paille.

« Ça alors, couina le premier petit cochon, je vais construire une chaumière. » Ce qu'il fit.

Les autres petits cochons continuaient leur chemin, quand ils rencontrèrent un homme qui vendait du bois.

« Ça alors, grogna le deuxième petit cochon, je vais construire une cabane. » Ce qu'il fit.

« De la paille, du bois, c'est bien, cria le troisième petit cochon, mais, moi, je veux quelque chose de plus solide. » Il continua sa route et rencontra un homme qui vendait des briques.

« Hourra ! s'écria-t-il. Je vais construire une maison en brique. La brique est plus solide que la paille et plus dure que le bois… Retroussons nos manches ! »

Il lui fallut du temps et beaucoup d'efforts. Enfin, sa maison fut terminée. Épuisé, il enjamba le seuil et s'endormit sans plus tarder.

Le lendemain, un grand méchant loup passa devant la chaumière et aperçut le premier petit cochon. « Hum ! voilà mon petit-déjeuner… » se dit-il.

Il frappa un coup sec à la porte et appela : « Petit cochon, petit cochon, laisse-moi entrer ! »

Le petit cochon avait reconnu son visiteur. « Non, pas par le poil de mon petit menton, répliqua-t-il.

– Alors, je vais souffler, encore et encore, et ta chaumière s'envolera ! » menaça le loup. Il prit une profonde inspiration. *Hou !* Les murs de paille tremblèrent. *Pfitt !* La maison en paille s'effondra complètement.

Le petit cochon poussa un cri perçant et courut jusqu'à la cabane de son frère. Mais le loup le talonnait.

« Petits cochons, petits cochons, laissez-moi entrer !

– Non, pas par le poil de nos petits mentons.

– Alors, je vais souffler, encore et encore, et votre cabane s'envolera ! » fulmina le loup.

*Hou !* Le bois crissa. *Pfitt !* Il craqua. *Hou !* De la maison en bois, il ne resta plus qu'un tas. Les deux petits cochons hurlèrent et se réfugièrent chez leur sœur. Mais le loup ne les lâchait pas.

« Petits cochons, petits cochons, laissez-moi entrer !

– Non, pas par le poil de nos petits mentons.

– Alors, je vais souffler, encore et encore, et votre maison s'envolera ! » beugla le loup. *Hou ! Pfitt ! Hou ! Pfitt !* Rien. La maison en brique restait debout, intacte.

Le loup ne s'avoua pas vaincu. Il lui suffit de deux bonds pour sauter sur le toit et descendre par la cheminée… *Plouf !* Il atterrit dans une marmite remplie d'eau bouillante. Ni une ni deux, les petits cochons saisirent le couvercle, puis fermèrent la marmite – c'en était fini du grand méchant loup !

Ainsi, les trois petits cochons vécurent heureux jusqu'à la fin de leurs jours dans la maison en brique.

# La fourmi et la sauterelle

Tout l'été, la sauterelle stridulait paresseusement parmi les fleurs et dansait, insouciante, de bouton en bouton. Belle, elle avait de longues pattes fines et son corps, de la couleur de l'émeraude, scintillait au soleil à chacun de ses sauts. Quand elle chantait, sa voix s'élevait telle une musique divine.

Fourrageant dans les sous-bois, rassemblant des graines en prévision de la saison froide, quand la nourriture se ferait rare et que les animaux des bois et des bruyères seraient affamés, la fourmi, elle, s'activait.

« Qui travaille ne craint pas la faim », répétait-elle.

Elle s'échinait à ramasser, encore et encore, chaque grain de chaque épi de blé afin de les transporter un par un dans son garde-manger. Il fallait des centaines d'allers-retours pour arriver à approvisionner son cellier. Elle s'épuisait à travailler ainsi sous les rayons du soleil, mais elle ne s'arrêtait jamais. Elle ne pensait qu'à la survie de sa famille à l'heure où s'annonceraient les rigueurs hivernales.

En effet, quand l'hiver emprisonna la terre entre ses doigts de glace, la sauterelle n'eut plus le cœur à chanter et à danser. Elle avait faim et il ne restait plus rien à dévorer. Le sol était gelé, les arbres avaient été dépouillés de leurs feuilles, l'herbe avait flétri et les fleurs avaient fané. Les bienfaits de l'été n'étaient plus que de lointains souvenirs, ensevelis sous la couverture neigeuse de l'hiver.

La sauterelle rencontra la fourmi – elle était heureuse, grasse et bien nourrie.

« S'il te plaît, dit la sauterelle, peux-tu me donner quelque chose à manger ? Je n'ai rien.

– Pourquoi ? questionna la fourmi. Qu'as-tu fait cet été ?

– J'ai chanté, répondit la sauterelle. J'ai dansé.

– Tu as chanté ? Tu as dansé ? Parfait, railla la fourmi, en s'éloignant. Continue donc.

– Tu ne m'aideras pas ?

– J'ai travaillé dur, tandis que tu t'amusais et paressais, inconsciente que tu es. Pourquoi profiterais-tu de mon labeur ?

– Mais je meurs de faim », pleura la sauterelle.

La fourmi eut pitié et lui donna un peu de maïs. « Souviens-toi, il y a un temps pour travailler et un temps pour s'amuser, sermonna-t-elle. L'été prochain, pense à la saison froide qui ne manquera pas de revenir.

– Je te le promets », jura la sauterelle.

# L'or du roi Midas

Le roi Midas était un homme bon. Il était aussi très riche, mais tout l'or de son palais ne l'empêchait pas d'en désirer davantage encore. Un jour, Midas se promenait quand il rencontra un homme plus âgé. Celui-ci avait l'air si fatigué que le roi l'invita à se reposer dans son palais.

Or, quelques minutes plus tard, un homme jeune à l'air contrarié apparut. Il portait une couronne de feuillage et sa peau avait un étrange reflet. « Te voilà enfin ! » s'exclama-t-il en tombant dans les bras du vieil homme, qu'il embrassa tendrement. « Je t'ai cherché partout. »

Le vieil homme sourit et fit les présentations : « Voici Dionysos, dit-il, c'est un dieu. »

Dionysos se tourna vers Midas. « Merci d'avoir pris soin de mon ami, dit-il. En échange, je t'accorde un vœu. »

Midas n'hésita pas une seconde : « Je souhaite que tout ce que je touche se transforme en or. »

Dionysos fronça les sourcils : « Es-tu sûr ? Cela ne me semble pas une bonne idée.

– Oui, répondit Midas avec avidité.

– Qu'il en soit ainsi », soupira Dionysos en claquant des doigts. « Je t'aurai prévenu. »

Midas sentit quelque chose de lourd entre ses mains. Il baissa les yeux. Sa canne était maintenant en or pur.

« C'est magique, s'exclama-t-il, merci ! »

Midas cueillit une rose. Les pétales de la fleur se figèrent en formant des volutes d'or. Une mouche passa en bourdonnant. Il la chassa d'un revers de la main ; l'instant d'après, un insecte doré chutait lourdement sur le sol, *bing* !

Ravi, Midas toucha les pierres de son palais – il fut obligé de cligner des yeux, car l'éclat de l'or était éblouissant. Il se rengorgea en pensant : « Je dois être l'homme le plus riche du monde ! »

Au moment de dîner, Midas avait une faim de loup. Il se servit à profusion, puis ouvrit grand la bouche et…

« Oh ! » La viande s'était changée en métal. Il chercha à boire. L'eau avait durci en glace dorée.

« Oh non ! » gémit Midas. Il s'agenouilla devant Dionysos. « C'est horrible. S'il vous plaît, reprenez mon vœu ! »

Le dieu eut pitié du roi. « Un fleuve descend de la colline. Baigne-toi dedans et tu seras délivré de ton vœu », lui conseilla-t-il.

Le chemin fut long, mais Midas parvint aux rives du fleuve. L'eau était froide, le courant rapide. Il entra dans le fleuve avec nervosité ; il osait à peine ouvrir les yeux…

« Hourra ! » Sa canne n'était plus qu'un banal bâton en bois. Au même moment, son palais redevint pierre ; la nourriture fut de nouveau mangeable et la mouche, encore étourdie, tressauta, pleine de vie.

Tout ce que touchait Midas ne se transformait plus en or – mais il paraît que, depuis lors, le sable du fleuve s'illumine de pépites.

« L'or ne sert à rien, soupira Midas, soulagé, si on ne peut pas manger à sa faim ! »

# Poussin Froussard

Il était une fois, dans une basse-cour, un minuscule poussin. Ce poussin avait peur de tout, même de son ombre. Il était surnommé Poussin Froussard.

Un jour, alors qu'il était assis à l'ombre d'un chêne majestueux, quelque chose lui tomba sur la tête, *boum !*

« Saperlipopette ! s'écria-t-il. Le ciel tombe. Je dois avertir le roi sur-le-champ. » Il se mit debout et courut le plus vite possible vers la basse-cour.

Poupoule était perchée près du poulailler.

« Le ciel tombe ! hurla Poussin Froussard.

– Ça alors ! se lamenta Poupoule. Que faire ?

– Je vais prévenir le roi », piailla Poussin Froussard. Il se hâta, Poupoule à sa suite. Ils déboulèrent dans la ferme.

Coqenpâte se pavanait devant les poules dans la basse-cour.

« Le ciel tombe ! hurla Poussin Froussard.

– Malheur ! se lamenta Coqenpâte. Que faire ?

– Nous allons prévenir le roi », caqueta Poupoule.

Poussin Froussard pressa le pas, Poupoule et Coqenpâte à sa suite. Ils arrivèrent bientôt devant la mare.

Cancanard nageait tranquillement sur l'eau calme.

« Le ciel tombe ! hurla Poussin Froussard.

– Au secours ! se lamenta Cancanard. Que faire ?

– Nous allons prévenir le roi », claironna bien fort Coqenpâte.

Poussin Froussard se précipita, Poupoule, Coqenpâte et Cancanard à sa suite. Ils parvinrent à la vieille grange. Les pauvres animaux étaient dans tous leurs états

Oie Siffleuse s'affairait à construire son nid pour y abriter ses canetons.

« Le ciel tombe ! hurla Poussin Froussard.

– Ce n'est pas vrai ! se lamenta Oie Siffleuse. Que faire ?

– Nous allons prévenir le roi », nasilla Cancanard d'un air important.

Poussin Froussard se rua, Poupoule, Coqenpâte, Cancanard et Oie Siffleuse à sa suite. Ils dévalèrent dans le pré, à la lisière de la ferme.

Dindon Glouglou fouillait furieusement l'herbe à la recherche de vermisseaux. Il avait faim et fut très ennuyé d'être dérangé.

« Le ciel tombe ! hurla Poussin Froussard.

– Mais c'est horrible ! se lamenta Dindon Glouglou. Que faire ?

– Nous allons prévenir le roi », cacarda Oie Siffleuse.

Poussin Froussard fila, Poupoule, Coqenpâte, Cancanard, Oie Siffleuse et Dindon Glouglou à sa suite. Ils débouchèrent dans le bois.

Renard Roué sommeillait à l'ombre.

« Le ciel tombe ! hurla Poussin Froussard. Nous allons prévenir le roi. »

Bien entendu, Renard Roué n'en croyait pas un mot, mais il ne laissa rien paraître.

« Vous avez de la chance, je connais un raccourci jusqu'au palais, dit-il en montrant un trou dans le sol. Dépêchez-vous, entrez donc ! »

La volaille s'y engouffra prestement. Mais ce n'était pas un raccourci… C'était le terrier de Renard Roué.

« Maitenant, je vais vous dévorer jusqu'à la dernière plume ! » s'exclama-t-il.

Au même moment, quelque chose, *boum* ! atterrit sur sa tête. Ce n'était qu'un gland, mais Renard Roué ne s'en aperçut pas.

« Sauve qui peut ! glapit-il. C'est vrai, le ciel tombe. » Et il déguerpit sans demander son reste.

Coqenpâte se tourna vers Poussin Froussard. « Es-tu sûr que le ciel tombe ? » lui demanda-t-il.

Poussin Froussard rougit. « C'était peut-être un gland, admit-il.

– Poussin Froussard ! » piaillèrent en chœur les animaux, avant de le pourchasser jusque dans la basse-cour.

# Aladin

En ces temps-là vivait un garçon du nom d'Aladin. La mort du père les avait laissés, lui et sa mère, dans le besoin. Bien souvent, ils ne mangeaient pas à leur faim.

Au moment où ils avaient perdu tout espoir, un étranger frappa à leur porte.

« Salut ! se présenta-t-il. Je suis Abanazar, l'oncle si longtemps perdu de vue d'Aladin. J'étais absent et n'ai appris la triste nouvelle de la mort de mon frère que récemment. Je vais m'occuper d'Aladin. »

Aladin et sa mère furent soulagés en entendant ces mots. Ils ne posèrent pas de questions. Pourtant, ils n'avaient jamais entendu parler d'Abanazar. En réalité, c'était un méchant magicien qui convoitait une lampe magique. Or il avait lu dans ses grimoires que seul Aladin pouvait l'aider.

Il emmena donc le garçon vers un endroit désert situé en dehors de la ville.

« J'ai une course à te confier », lui annonça ensuite Abanazar.

Il alluma un feu, jeta une étrange poudre dans les flammes et proféra une incantation.

Aladin ne put en croire ses yeux quand le sol se mit à trembler et qu'une trappe apparut.

« Il y a une lampe en bas, dit Abanazar. Rapporte-la-moi. En échange, je te donne ceci », et il lui tendit un anneau orné d'un rubis étincelant.

« Tout de suite, mon oncle ! » s'écria Aladin.

Il descendit par la trappe et se retrouva dans une cave obscure qui sentait mauvais.

Malgré ses réticences, Aladin s'enfonça plus loin. Il trouva bientôt la lampe. Mais, tandis que ses yeux s'habituaient lentement à l'obscurité, il aperçut aussi quatre salles remplies d'or. Au-delà s'étendait un verger, dont les arbres étaient couverts de bijoux étincelants. Il prit autant d'or qu'il le put et se précipita vers l'entrée.

Au moment où il passait la tête par la trappe, Abanazar cria : « Où est ma lampe ?

– S'il vous plaît, puis-je sortir ? » répondit Aladin, qui ne désirait nullement rester une seconde de plus dans cette cave moisie.

« Tu ne l'as pas trouvée ? » s'égosilla Abanazar, et il referma brutalement la trappe.

Aladin était terrifié. Cet homme cruel ne pouvait pas être son oncle. Comme il tremblait de froid, il chercha à se réchauffer en se frottant les mains.

Sans le vouloir, il frotta aussi l'anneau…

Un homme se dressa soudain devant lui. Il recula, effrayé.

« Je suis le génie de l'anneau. Commande et je t'obéirai.

– Je veux rentrer chez moi », gémit Aladin.

En un clin d'œil, sa mère et lui furent réunis. Elle fut émerveillée par le trésor qu'il rapportait, mais se désintéressa de la lampe.

« Quelle vieillerie ! s'exclama-t-elle. Je vais la nettoyer puis la vendre. »

Tandis qu'elle la polissait, un homme immense apparut et déclara : « Je suis le génie de la lampe. Commande et je t'obéirai.

– Donne-nous à manger, s'il te plaît », ordonna Aladin, amusé par sa mère qui, stupéfaite, faillit laisser échapper l'objet. Un génie… elle n'en revenait pas !

Instantanément, un délicieux festin, disposé sur des assiettes en argent massif, apparut devant eux. Il y en eut assez pour les nourrir pendant une semaine entière. Ensuite, Aladin alla vendre la vaisselle au marché, puis, les poches remplies de pièces sonnantes et trébuchantes, il musarda parmi les étals et aperçut la belle Badroulboudour, la fille du sultan, en compagnie de ses demoiselles d'honneur. Les jeunes gens échangèrent des sourires. Aladin en tomba follement amoureux.

« Je veux l'épouser, confia-t-il à sa mère.

– Mais c'est une princesse !

– Mère, je l'aime. Veux-tu bien m'aider ? Va offrir au sultan les bijoux que j'ai trouvés. »

La mère d'Aladin ne supportait pas de savoir son fils malheureux ; elle montra donc les bijoux au sultan.

« C'est de la part de mon fils, qui vous demande la

main de la princesse Badroulboudour », dit-elle.

Le sultan s'extasia. « Magnifique ! S'il peut me présenter quarante plateaux d'or portés par quatre-vingts serviteurs habillés de soie et de pierreries, je lui accorde la main de Badroulboudour. »

Aladin frotta la lampe ; le génie apparut tout de suite, et une procession de serviteurs chargés de trésors rutilants marcha vers le palais.

Aladin et Badroulboudour se marièrent et vécurent heureux dans un palais somptueux édifié avec le concours de la lampe magique.

Toutefois, les nouvelles du mariage et de la richesse d'Aladin parvinrent aux oreilles d'Abanazar, qui jura de se venger.

Un matin, tandis qu'Aladin était sorti, Abanazar, déguisé en marchand, fit les cent pas devant le palais en criant :

« Vieilles lampes à échanger contre des neuves ! »

Badroulboudour l'entendit. « Aladin possède une vieille lampe à huile toute sale, voilà l'occasion de s'en débarrasser », pensa-t-elle, et elle tendit à Abanazar la précieuse lampe magique d'Aladin.

Le méchant magicien jubilait. Il convoqua le génie et lui ordonna d'expédier le palais avec la princesse dans un désert lointain. Ainsi, Badroulboudour se retrouva prise au piège, seule et misérable, en compagnie du cupide Abanazar. Comme Aladin lui manquait !

De son côté, à son retour, Aladin n'avait trouvé ni épouse ni palais. Il était désespéré par ce grand malheur. Quand l'histoire du marchand lui fut rapportée, il comprit ce qui s'était passé.

Sans plus attendre, il convoqua le génie de l'anneau.

« Emmène-moi jusqu'à Badroulboudour ! » lui commanda Aladin.

Lorsqu'il retrouva sa femme, ils tombèrent dans les bras l'un de l'autre et il murmura : « Nous devons nous débarrasser d'Abanazar. À l'heure du dîner, verse du poison dans son vin. »

Badroulboudour hocha la tête. En cachette, elle versa le poison dans le verre d'Abanazar et au matin, celui-ci était mort.

Aladin récupéra sa lampe et renvoya le palais, avec Badroulboudour et lui-même, à la place qu'il occupait auparavant.

Quelque temps après, Badroulboudour mit au monde un enfant, faisant de la mère d'Aladin la plus fière des grand-mères. Aladin devint sultan et ils vécurent tous heureux.

Quant à la lampe et à l'anneau, ils furent rangés dans un tiroir et oubliés. Qui sait – un jour, peut-être, quelqu'un les redécouvrira ? Les génies sont patients et savent attendre…

# Le petit chaperon rouge

Il était une fois une fillette, surnommée le petit chaperon rouge, qui portait toujours une cape d'un beau rouge vif et sa capuche assortie. Elle habitait une petite maison avec sa maman, à l'orée d'une profonde forêt.

Un matin, sa maman lui dit : « Ta grand-mère ne se sent pas très bien. Pourrais-tu lui rendre visite et lui apporter quelque chose pour la réconforter ?

– Bien sûr », répondit aussitôt le petit chaperon rouge. Chargée d'un panier de victuailles, elle se mit aussitôt en route à travers la forêt pour rejoindre la chaumière de sa grand-mère.

Au départ, le soleil brillait, les oiseaux chantaient, et la petite fille chantonnait aussi, insouciante. Mais plus elle avançait et plus la forêt s'assombrissait. Elle ne vit même pas le loup qui l'attendait patiemment sur le sentier.

« Où vas-tu ainsi ? » demanda soudain le loup, en se frottant les pattes avec convoitise.

« Je vais voir ma grand-mère. Elle habite dans une chaumière de l'autre côté de la forêt », répondit le petit chaperon rouge.

« Je m'en régale d'avance, pensa le loup. D'abord la grand-mère, pour m'ouvrir l'appétit, puis le petit chaperon rouge… quel délice ! »

Le loup sourit de toutes ses dents au petit chaperon rouge. « Pourquoi ne pas lui cueillir quelques fleurs ? Cela lui fera sûrement plaisir, suggéra-t-il. Il y a justement des jacinthes des bois par là.

– Quelle bonne idée », approuva le petit chaperon rouge, inconsciente du danger.

Elle s'éloigna du sentier pour cueillir une grande brassée de jolies fleurs de toutes les couleurs.

À peine avait-elle le dos tourné que le loup, vif comme l'éclair, traversait la forêt et frappait à la chaumière de la grand-mère.

« Qui est là ? demanda la grand-mère.

– Ta petite fille, le petit chaperon rouge, dit le loup en adoucissant sa grosse voix. Je t'ai apporté à manger.

– Entre », l'invita aussitôt la grand-mère.

Le loup bondit dans la chambre et ne fit qu'une bouchée de la grand-mère du petit chaperon rouge.

« Miam ! fit-il en se pourléchant les babines. Maigrelette mais pas mauvaise. Bon, maintenant, passons à l'étape suivante. »

Alors, il enfila le bonnet de nuit de la grand-mère, sauta dans le lit et attendit la venue du petit chaperon rouge. Bientôt, il entendit un coup à la porte.

« Entre ! » rugit le loup aussi doucement qu'il en était capable.

« Je suis bien triste de te savoir fatiguée. Je t'ai apporté de quoi manger, dit le petit chaperon rouge.

– Que c'est gentil », grogna le loup. « Euh... c'est gentil », répéta-t-il en baissant d'un ton. « Viens t'asseoir près de moi, ma chère enfant. »

Le petit chaperon rouge regarda sa grand-mère, puis la dévisagea.

« Oh ! grand-mère, que tu as de grandes oreilles !

– C'est pour mieux t'entendre, dit le loup.

– Oh ! grand-mère, que tu as de grands yeux ! » poursuivit le petit chaperon rouge, s'approchant du lit.

« C'est pour mieux te voir », dit le loup.

Le petit chaperon rouge s'avança un peu plus près. « Oh ! grand-mère, que tu as de grandes mains poilues !

– C'est pour mieux t'enlacer », dit le loup.

Le petit chaperon rouge était maintenant debout, à côté du lit. Sa grand-mère lui paraissait de plus en plus étrange.

« Mais grand-mère ! s'écria-t-elle. Que tu as de grandes dents pointues !

– C'est pour mieux te manger ! » hurla le loup.

D'un bond, il sauta hors du lit et avala tout rond le petit chaperon rouge.

« Enfin rassasié », se dit-il.

Ensuite, fatigué, l'estomac plein, il s'allongea sur le lit et s'endormit profondément. Il se mit alors à ronfler… bruyamment, si bruyamment que cela alerta un bûcheron qui passait par là.

« La vieille dame n'a jamais ronflé aussi fort », s'étonna le bûcheron. Il entra dans la chaumière et découvrit le loup, endormi sur le lit, et dont le ventre avait doublé de volume.

« Oh ! il a dévoré la pauvre vieille femme ! s'exclama le bûcheron. Mais il n'est peut-être pas trop tard pour la sauver ! »

Il attrapa une paire de ciseaux et découpa le ventre de l'animal. *Clic, clic*… il distingua une capuche d'un beau rouge vif. *Clic, clic*… le petit chaperon rouge surgit.

« Ne vous arrêtez pas ! lui cria-t-elle. Ma grand-mère est dedans. »

*Clic-clac* firent encore les ciseaux, jusqu'à ce que la tête de la grand-mère apparût enfin à son tour.

*Zzz… Zzz…* Et le loup continuait de ronfler malgré toute cette agitation.

« J'ai une idée ! » s'écria le petit chaperon rouge. Elle courut dehors, ramassa quelques pierres, qu'elle enfonça dans le ventre de l'animal, et la grand-mère le recousit.

À son réveil, le loup chercha à s'éclipser par la porte, mais les pierres s'entrechoquaient et cliquetaient dans son ventre.

« Maintenant, tout le monde t'entendra venir, l'avertit le petit chaperon rouge. Tu ne pourras plus jamais manger personne. »

Quant au petit chaperon rouge, elle ne parla plus jamais à un loup de sa vie.

# Perséphone

Au commencement du monde, l'hiver n'existait pas. Toute l'année, le soleil brillait, la pluie tombait et les plantes poussaient.

Déméter, la déesse des Moissons, prenait soin des plantes. Elle vivait avec sa fille, Perséphone, qu'elle chérissait et protégeait férocement.

Mais Perséphone était convoitée par Hadès, le dieu des Enfers. Après l'avoir espionnée, il désirait ardemment partager son royaume souterrain avec elle.

Un après-midi, alors que la jeune fille se promenait dans les champs avec quelques amies, il y eut un bruit assourdissant. CRAC ! Le sol s'ouvrit à côté d'elles ; un char jaillit du gouffre.

Perséphone n'eut pas le temps de réagir.

Le cocher, vêtu d'une longue cape, la souleva et disparut en un éclair, l'emportant avec lui dans les entrailles de la terre.

Quand Déméter apprit l'enlèvement de sa fille, elle se précipita dans le champ. Tout y était intact, comme si rien ne s'était passé. Sa fille avait disparu sans laisser aucune trace.

Pendant un an, Déméter chercha Perséphone partout. Elle négligeait la végétation qui, sans soins et sans amour, flétrissait et périssait. Un hiver éternel s'abattit sur le monde. Les êtres humains et les animaux mouraient de faim.

Enfin, un jour, son frère Zeus, le roi des dieux, la convoqua dans son palais du mont Olympe.

« As-tu des nouvelles de ma fille ? lui demanda-t-elle avec inquiétude.

– Elle est avec Hadès, soupira Zeus. Il l'aime d'un amour véritable et prend soin d'elle.

– Avec Hadès ? s'étrangla-t-elle. Dans le royaume de Morts ? Ce n'est pas possible, tu ne peux pas laisser faire une telle chose !

– Je craignais que tu ne dises cela, murmura son frère. Je vais voir ce que je peux faire. »

Zeus appela son fils Hermès, le dieu messager, et l'envoya aux Enfers négocier avec Hadès.

Hermès se rendit dans un jardin sombre parsemé de pierres précieuses, dont l'éclat était éblouissant. Là, le roi des Enfers l'attendait, assis à côté de la nouvelle reine. Dans ce jardin ne poussait qu'un grenadier tout tordu.

« Que viens-tu faire ici ? vociféra Hadès.

– Zeus m'a envoyé m'enquérir de la santé de Perséphone, répondit Hermès.

– Je vais bien, merci, répondit nerveusement la jeune femme. Hadès est gentil et attentionné, mais le soleil et le ciel me manquent… et surtout, ma chère mère.

– Alors, tu dois rentrer avec moi, continua Hermès avec courage.

– Jamais ! gronda Hadès. Les Enfers ont besoin de leur reine.

– Mais Zeus dit qu'on a aussi besoin d'elle dans le monde d'en haut, dit Hermès. Les êtres vivants meurent, car Déméter est aveuglée par son chagrin. Perséphone est la seule qui puisse les faire revivre. »

Hadès se plongea dans un silence méditatif. Il devait obéir à Zeus, mais, de son côté, celui-ci devait se conformer aux anciennes lois…

« Perséphone ne peut plus rentrer, annonça-t-il, triomphant. Quiconque a mangé alors qu'il se trouvait aux Enfers ne peut plus en partir.

– Mais je n'ai mangé que six graines du grenadier ! protesta Perséphone.

– Justement », confirma Hadès.

Perséphone, suppliante, se tourna vers Hermès.

« Je sais, suggéra Hermès. Pendant six mois, un mois pour chaque graine mangée, Perséphone restera avec toi, Hadès, mais les six autres mois, elle rentrera auprès de Déméter. »

Cette solution convenait aussi bien à Hadès qu'à Perséphone, et tous deux acceptèrent la proposition d'Hermès, qui en fut bien soulagé.

Quand Déméter revit enfin Perséphone, la joie illumina son visage. Des milliers de pousses vertes surgirent du sol, de nouvelles feuilles apparurent sur les arbres et une profusion de fleurs couvrit les champs.

Puis les six mois sur la Terre prirent fin. L'été était passé. Perséphone rejoignit les Enfers. Alors, unies dans un même tourment, Déméter et la nature exprimèrent une semblable désolation. Cependant, depuis ce temps, l'hiver est devenu plus supportable, car il s'accompagne de la promesse du renouveau, du printemps à venir… et du retour de Perséphone.

# Intelligente Kallie

Bien que Kallie et Kaspar fussent frère et sœur, ils ne pouvaient être plus différents. Autant Kallie était généreuse et affectueuse, autant Kaspar était égoïste et fier.

Lorsque leur tante leur offrit un poulain alezan, Kaspar ne put dissimuler sa colère. «  Je suis l'aîné, il devrait être à moi », insistait-il, furieux. Il se montra si persuasif que le roi lui-même eut vent de la querelle.

« Quelques énigmes devraient suffire à régler ce litige, déclara le roi. Celui ou celle qui répondra le plus intelligemment gardera le poulain. »

Kaspar sourit en coin. « Facile, c'est moi le plus intelligent », pensa-t-il.

« D'abord, questionna le roi, quelle est la chose la plus rapide du monde ?

– Un cheval de course », répondit Kaspar, sans prendre la peine de réfléchir.

« Mais le vent est plus rapide, ajouta Kallie. Aucun cheval ne peut surpasser le vent.

– Quelle est la chose la plus lourde du monde ?

– Le fer, répondit Kaspar

– Mais le sol est plus lourd, dit Kallie. D'ailleurs, personne ne peut le soulever. »

Le roi s'esclaffa. « Enfin, quelle est la chose la plus précieuse du monde ?

– L'or, dit sans hésiter Kaspar.

– L'amour, répondit doucement Kallie. Il est possible de vivre heureux sans or, mais pas sans amour. »

Le roi lui fit un grand sourire. « Ce poulain est à toi, trancha-t-il. Si seulement mes sujets pouvaient tous être aussi intelligents que Kallie ! »

# La soupe au caillou

Il était une fois un homme qui ne possédait plus rien. Il ne lui restait plus que son chien et un caillou étincelant. Alors, il allait de village en ville, cherchant du travail et un abri.

Les dernières semaines avaient été bien difficiles, car nulle part il n'avait trouvé à travailler. Heureusement, l'été était là. Dormir à la belle étoile ne le dérangeait pas. Bercé par le hululement des chouettes, il s'endormait en observant les étoiles. Pourtant, il était las de manger des noix et des baies à chaque repas. La vue d'une belle chaumière bien entretenue lui redonna du courage.

Son fidèle compagnon sur les talons, il hâta le pas et frappa à la porte.

« Allez-vous-en ! » ordonna quelqu'un, du fond de la maison.

« Oh là là ! » pensa l'homme, mais il frappa une seconde fois. Une femme, l'air grognon, ouvrit enfin la porte.

« Que voulez-vous ? » dit-elle d'un ton sec en le foudroyant du regard.

« Je me demandais si vous auriez quelques besognes à me confier ? J'ai besoin de travail, dit humblement l'homme.

– Non, répondit-elle.

– Puis-je rester un peu, alors ? s'enquit-il. Nous pourrions partager le déjeuner.

– Je n'en ai pas assez pour deux, rétorqua-t-elle. Qu'est-ce que vous avez ? »

L'homme sortit le caillou de sa poche et le lui présenta.

La femme, méfiante, l'inspecta.

« Et... c'est tout ? demanda-t-elle. Un caillou ? Que voulez-vous que je fasse avec ça ? Vous me faites perdre mon temps. »

Elle allait refermer la porte quand l'homme ajouta : « Attendez ! Je peux faire de la soupe avec ce caillou.

– Vraiment ? s'étonna la femme. Je voudrais bien voir ça. Entrez donc.

– Il faudrait une grosse marmite d'eau », expliqua l'homme. La femme remplit un chaudron et le posa sur le feu.

« Et ensuite ? » demanda-t-elle.

L'homme jeta le caillou.

« Il faut que la soupe mijote quelque temps », poursuivit-il. Quand la soupe se mit à frémir, l'homme saisit une cuillère pour la goûter.

« Hum ! fit-il, pas mauvais… mais un oignon lui donnerait plus de goût. »

La femme pela et coupa un oignon, puis le mit dans le chaudron.

L'homme remua la soupe et la laissa mijoter encore un peu.

Ensuite, il la goûta.

« Hum ! fit-il, délicieux, mais deux pommes de terre ne seraient pas de trop.

– Oui, oui, deux pommes de terre… » répéta la femme, en pelant et en découpant les légumes, puis en les ajoutant dans le chaudron.

La soupe était agitée de gros bouillons. L'homme la goûta.

« Hum ! » fit-il en passant sa langue sur ses lèvres. « Il manque un peu de viande.

– J'ai une saucisse », proposa la femme. Elle la trancha et l'ajouta au chaudron. L'homme remua de nouveau la soupe.

Un délicieux fumet commença à envahir la chaumière. La femme souriait.

L'homme goûta une dernière fois la soupe et dit : « C'est presque prêt. Il faudrait juste quelques herbes fraîches, et un peu de sel et de poivre. »

La femme cisela quelques herbes fraîches, en parsema la soupe, et pour finir, elle la sala et la poivra généreusement.

« C'est prêt ! » s'écria l'homme. Il saisit la louche et remplit deux bols. L'homme et la femme s'assirent pour manger.

« Cette soupe est délicieuse ! dit la femme. Votre caillou est magique. »

L'homme sourit. Il lava le caillou, puis l'essuya avant de le remettre dans sa poche.

« Voulez-vous dîner avec moi ? demanda la femme. Il reste de la soupe ! »

# La princesse et le porcher

Jadis, vivait un prince désargenté qui désirait épouser une princesse. Cependant, il ne voulait pas de n'importe quelle princesse. Il avait jeté son dévolu sur la fille de l'empereur.

« Pourquoi pas ? se disait-il. Je suis prince, et le royaume de mon père, même minuscule, n'en est pas moins un royaume. »

Par conséquent, le prince offrit à la princesse ses deux biens les plus précieux : un rosier, porteur d'une unique rose, mais la plus belle qui fût, et un rossignol, qui chantait tel un ange divin.

La princesse fronça les sourcils. « Beurk, fit-elle. Un rosier racorni et un oiseau terne ? Renvoyez-les ! »

Le prince ne renonça pas pour autant.

Il s'enduisit le visage de boue, enfila quelques habits usés, se rendit au palais et dit qu'il cherchait du travail. Après quelques questions, il fut nommé porcher de Son Altesse Impériale. Il aurait préféré une autre besogne, mais, au moins, cela lui laissait une seconde chance d'impressionner sa bien-aimée.

Ce soir-là, il s'échina à son ouvrage : la fabrication d'une crécelle. Quand il l'agitait, l'instrument jouait toutes les polkas et valses qui avaient été composées depuis la nuit des temps. La princesse l'entendit.

« Qu'est-ce qui peut bien faire cette musique absolument divine ? se demanda-t-elle. Je le veux. »

Alors, elle suivit le son et finit par tomber sur le porcher avec son instrument.

« J'aimerais bien cette crécelle, lui dit-elle.

– Elle est à vous… pour cent baisers, dit le prince.

– JAMAIS ! » s'exclama la princesse. « Ne pourrais-tu pas tout simplement me la donner ? » ajouta-t-elle.

Mais le porcher fit non de la tête. « Pas de baisers, pas de crécelle », répliqua-t-il en se remettant à agiter joyeusement l'instrument.

Le princesse poussa un profond soupir et accepta. « J'espère que personne ne nous verra », dit-elle.

Mais le roi, du haut de son balcon, contemplait la scène. « Quoi, ma fille embrasse un porcher ? clama-t-il. Quittez tous les deux immédiatement le palais ! Et ne revenez jamais. »

La princesse était bouleversée. « Mais, papa… gémit-elle. Oh ! pourquoi n'ai-je pas épousé le gentil prince qui m'avait envoyé ce rossignol ? »

À cet instant, à la grande surprise de l'empereur et de sa fille, le porcher se précipita derrière la porcherie et enfila d'autres habits. « Il est encore temps ! » dit-il, tout sourire, en se montrant à la princesse, ravie.

# Le Lièvre et la Tortue

Lièvre était rapide et adorait la course. Tous les matins, il se précipitait à la poste, où il était employé, puis faisait le tour du village à toute allure en distribuant lettres et paquets au passage.

À la fin de la journée, Lièvre rentrait à toute vitesse chez lui. Afin de se détendre un peu, il faisait plusieurs tours de son jardin ventre à terre. La nuit, il rêvait qu'il courait.

Si Lièvre appréciait de courir, il aimait surtout en parler et dire l'exaltation qu'il ressentait à être l'animal le plus rapide de la ville. Il n'était pas comme cette pauvre vieille Tortue.

Tortue était lente ; elle adorait se reposer dans un fauteuil. Tous les matins, elle sortait à son rythme du lit et se traînait jusqu'à la poste, où elle était aussi employée.

Toute la journée, assise sur une chaise, elle affranchissait lettres et paquets.

Après son travail, elle se dirigeait pas à pas chez elle. Pour se distraire, elle se calait confortablement dans un fauteuil et sirotait un thé en dégustant quelques gâteaux auprès du feu. Dans ses rêves, elle était toujours assise dans son fauteuil, sirotant du thé et dégustant des gâteaux près de la cheminée.

Un après-midi, alors que Tortue était en train d'affranchir un colis particulièrement bosselé, Lièvre surgit en trombe dans le bureau : « Je viens d'avoir une idée géniale ! » s'écria-t-il.

Tortue soupira, car le colis venait de lui glisser des pattes et était tombé par terre.

« Vous savez tous que je suis le coureur le plus rapide du village, se rengorgea Lièvre. Mais cela ne serait-il pas amusant d'organiser une course ? Qui sait, peut-être que l'un d'entre vous l'emportera ? ajouta-t-il en riant sous cape.

– Je te défie », dit Tortue lentement.

Tous les animaux présents dans le bureau de poste se retournèrent. Lièvre, sidéré, regarda Tortue.

« Tu veux me défier à la course ? répliqua-t-il. Toi, espèce de carapace chancelante ? Mais, tu vas rendre l'âme ! Pense un peu aux spectateurs ! Faudra-t-il qu'ils attendent minuit pour te voir passer ? »

Lièvre se tint le ventre pour mieux rire de sa bonne blague.

« J'aimerais quand même essayer, dit Tortue d'un ton ferme.

– Très bien, acquiesça Lièvre dans un large sourire. Nous courrons demain ! » Sitôt dit, et sûr de remporter la victoire, il s'éclipsa pour rentrer chez lui. C'était la course la plus facile de toute sa vie. Les amis de Tortue, eux, cherchaient à la faire changer d'avis. Ils savaient que Lièvre allait gagner et n'en serait que plus vaniteux, mais Tortue était décidée.

Le lendemain, au matin, Tortue et Lièvre se retrouvèrent sur la place du village. Tortue étudiait la carte d'un œil circonspect. La course était longue, plusieurs kilomètres, plus qu'elle n'en avait jamais parcouru.

Elle attendait tranquillement devant la ligne de départ quand Lièvre jaillit à ses côtés.

« À vos marques ! Prêts ? Partez ! » cria Blaireau, l'arbitre. Ils s'élancèrent.

Lièvre piqua un sprint. En quelques secondes, il avait disparu dans un nuage de poussière. Tortue engagea une patte après l'autre et franchit d'un pas lourd la ligne de départ.

Elle marchait encore plus lentement que d'habitude. « Je dois garder le même rythme, murmurait-elle en son for intérieur. Je ne dois pas m'épuiser. »

Pendant ce temps, Lièvre galopait à perdre haleine. Bientôt il fut si loin de Tortue que, quand il atteignit le sommet d'une colline, il s'arrêta un instant et en profita pour regarder derrière lui. Il ne put voir qu'une minuscule tache verte, au loin, presque immobile.

« Pauvre vieille Tortue, songea Lièvre, il va lui falloir des heures pour rattraper son retard. »

La journée était splendide. Lièvre repéra un joli coin à l'ombre d'un arbre. « Pourquoi courir sous le soleil de midi ? se dit-il. Il fait trop chaud. Je vais m'allonger un instant sous l'arbre et faire une petite sieste. »

Des kilomètres plus loin, Tortue marchait péniblement. Elle avait mal aux pattes, et elles étaient si lourdes… mais elle était résolue à atteindre la ligne d'arrivée. Les heures passaient… Lièvre dormait à poings fermés. Il rêvait qu'il gagnait course sur course.

Alors que le soleil descendait derrière la colline, une ombre s'abattit sur Lièvre. Il ouvrit les yeux, bâilla et sauta sur ses pattes. « La course ! » hurla-t-il, soudain complètement réveillé. « La course ! » Lièvre détala.

Il traversa le village dans un nuage de poussière,

passa une colline et loin tout là-bas, dans la distance, il vit la ligne d'arrivée et une minuscule tache verte, presque immobile. « Ce n'est pas possible ! » pensa-t-il, et il fila le long de la route comme si sa vie en dépendait.

Lentement mais sûrement, Tortue passa la ligne d'arrivée. Lièvre jaillit à ses côtés, mais une seconde trop tard. Une immense clameur monta de la foule.

« Tortue est notre champion ! annonça Blaireau. Lièvre, tu as perdu d'un poil.

– Pour gagner, il faut aller lentement mais sûrement », déclara Tortue.

Elle lui adressa un sourire tranquille tandis qu'elle se dirigeait pas à pas chez elle, aspirant à siroter du thé et à déguster quelques gâteaux assise dans un bon fauteuil auprès du feu.

# Cendrillon

Il était une fois une belle jeune fille du nom de Cendrillon. Elle vivait avec son père, un homme timide, sa marâtre, qui était une mauvaise femme, et ses deux odieuses demi-sœurs. Cendrillon menait une vie bien triste, car sa belle-famille la traitait rudement et la chargeait des plus basses besognes.

Un jour, une invitation arriva. Il y avait bal au palais royal. Le prince voulait se choisir une épouse. Pour cela, toutes les jeunes femmes de son royaume étaient invitées. Les demi-sœurs de Cendrillon, tout excitées, ne tenaient plus en place.

« Apporte-nous donc nos plus somptueuses tenues, souillon ! commanda l'aînée. Nous devons être éblouissantes.

– Que c'est dommage, les servantes ne sont pas invitées », railla la plus jeune.

Sans un mot, Cendrillon laça avec soin les robes de bal de ses demi-sœurs, les coiffa au mieux et les aida à enfiler leurs bijoux, des joyaux extravagants. Pourtant, quand le carrosse les emporta, elle s'effondra, en pleurs.

« Si seulement je pouvais aller au bal, moi aussi ! sanglota-t-elle.

– Eh bien, eh bien ! fit une voix douce. Pourquoi pleures-tu ? »

Surprise, Cendrillon se retourna et aperçut une petite bonne femme ailée. « Qu… qu… qui êtes-vous ? bégaya-t-elle. Qu… qu… que voulez-vous ?

– Je suis ta marraine la fée et, crois-moi, tu vas aller au bal. »

Fascinée, Cendrillon la regarda tourbillonner autour de la pièce. D'un geste détaché, la fée transforma une citrouille bien ronde en carrosse doré, six souris en fiers chevaux blancs, un rat en charmant cocher et deux lézards en laquais élégants. Enfin, elle changea les haillons que portait Cendrillon en une robe somptueuse et ajouta une paire de pantoufles de verre.

« Amuse-toi bien, dit la fée en lui souriant. Mais n'oublie pas de rentrer à minuit, l'heure où la magie prend fin. »

Comme dans un rêve, Cendrillon arriva au bal. Le prince tomba immédiatement sous son charme et ils dansèrent ensemble toute la soirée, ce qui agaça beaucoup ses demi-sœurs, qui ne l'avaient pas reconnue. Au dernier coup de minuit, Cendrillon sortit de son émerveillement.

Paniquée, elle s'enfuit du palais. Dans sa hâte, elle perdit l'une de ses pantoufles de verre et arriva chez elle, essoufflée, pied nu, et amoureuse. Consterné, le prince la poursuivit, mais il ne retrouva qu'une pantoufle de verre oubliée sur une marche du palais.

« Avez-vous vu passer une belle princesse ? demanda-t-il aux gardes.

– Une princesse ? Non, nous n'avons vu qu'une demoiselle en haillons », répondirent ceux-ci.

Le prince, éperdu d'amour, fit le tour de son royaume dans l'espoir de retrouver sa mystérieuse princesse. Il allait de maison en maison, faisant essayer la pantoufle oubliée à toutes les femmes qu'il rencontrait.

Lorsqu'il atteignit la maison de Cendrillon, ses demi-sœurs lui arrachèrent la pantoufle des

mains et tentèrent, en vain, d'y faire rentrer leurs gros pieds déformés.

« Puis-je l'essayer ? leur demanda Cendrillon.

– Bien sûr que non ! s'indignèrent ses demi-sœurs.

– Bien sûr que si ! » rétorqua le prince.

Alors, au milieu des cris de protestation de ses demi-sœurs, Cendrillon fit un pas en avant. Son pied mignon et délicat correspondait parfaitement. Le prince était aux anges. Cendrillon plongea sa main dans la poche de son tablier et en ressortit l'autre pantoufle de verre.

Le prince épousa Cendrillon dans l'année. Tous ses sujets, sans exception, furent invités, même les demi-sœurs. Leur caractère odieux n'avait pas changé, mais elles furent toujours les bienvenues au palais.

# Icare, le garçon qui volait

Il y a bien longtemps, dans l'Antiquité, sur l'île de Crète, un père et son fils étaient retenus prisonniers dans une haute tour. Le père, Dédale, était un inventeur de génie et l'architecte du roi Minos. Il avait conçu la première voile, un plancher musical pour danser, et même le Labyrinthe, un enchevêtrement compliqué de tunnels duquel il était impossible de sortir. Malheureusement, il avait aidé Thésée, enfermé par Minos dans le Labyrinthe, à s'enfuir. Cet exploit lui valut d'être emprisonné.

« Mais pourquoi donc a-t-il fallu qu'il m'enferme moi aussi ? se plaignit Icare, le fils de Dédale.

– Parce que tu aurais pu arranger mon évasion », suggéra le père.

Icare jeta un coup d'œil désespéré par la haute fenêtre. Des colombes dessinaient des cercles au-dessus de la tour et il se prit à envier leur liberté. « Si seulement nous pouvions nous envoler nous aussi ! » soupira-t-il.

Dédale releva lentement la tête de son livre.

« C'est ça », murmura-t-il, puis il esquissa quelques traits sur une feuille, aussi vite que les idées lui venaient.

Icare connaissait cette lueur dans l'œil de son père. « Qu'es-tu en train d'inventer ? demanda-t-il.

– Des ailes ! répondit Dédale. Nous allons nous enfuir de cette île par les airs. D'abord, nous devons récupérer de grandes quantités de plumes… »

Les mois suivants, Dédale et Icare ramassèrent toutes les plumes qui tombaient. Chaque jour, ils attiraient les oiseaux sur le rebord de la fenêtre en leur offrant la moitié de leur minuscule ration de pain quotidienne ; chaque nuit, ils rassemblaient les plumes abandonnées et les cachaient sous leurs matelas. Peu à peu, le tas de plumes grossit.

Dédale travailla scrupuleusement à son projet. Leur vie en dépendait. Il arracha des murs de la tour quelques tiges de vigne vierge et les tressa de façon à obtenir des cadres pour les ailes. Ensuite, il recueillit la cire qui lui servait à faire ses maquettes et la colla sur le pourtour des cadres. Enfin, avec précaution, il y enfonça les plumes, une à une, des plus petites aux plus grandes, en s'assurant qu'elles se chevauchaient correctement.

Ensuite, il attacha solidement une paire d'ailes sur son dos et les fit battre à plusieurs reprises. Dans l'instant même, ses pieds quittèrent le sol et il plana triomphalement dans l'air. Il redescendit lentement et fixa l'autre paire d'ailes au dos de son fils.

« Es-tu sûr qu'elles vont résister ? s'enquit Icare, nerveusement.

– Tant que tu ne voles ni trop haut ni trop bas, répondit Dédale. Autrement, le soleil ferait fondre la cire et la mer mouillerait les plumes. »

Icare hésita quelques secondes, puis il grimpa sur le rebord de la fenêtre, prit une profonde inspiration et sauta dans le vide.

Porté par le vent, plus majestueux encore qu'un oiseau, il glissa dans l'air, laissant loin derrière lui la prison, pour gagner sa liberté.

« Fais attention, maintenant », l'avertit son père, qui apparut à ses côtés. « Je passe devant, reste dans mon sillage. »

Icare, de plus en plus confiant, était envahi par un sentiment de toute-puissance ; il se sentait invincible, tel un dieu. Alors, étirant les bras, il descendit en piqué et s'éloigna. Il plongea vers les flots, effleura les vagues, puis s'éleva dans l'azur.

« Reviens ! » ordonna Dédale.

Mais Icare, enthousiaste et ivre de liberté, n'écoutait plus son père. Il fit un looping et continua sa course. Il monta encore plus haut ; il ne comprit pas que le soleil faisait fondre la cire sur ses ailes ; il ne remarqua pas que les plumes se décollaient et tombaient une à une.

Dans un cri, Dédale tenta de le mettre en garde et chercha à le rejoindre. Déjà, son fils n'était plus qu'un point dans le ciel, hors de portée. Soudain, le point entama une longue chute…

… il tomba…

… et disparut,

avalé par les flots bleus.

# Sire Gauvain et le Chevalier vert

Il y a des siècles, Arthur, à la tête de nobles chevaliers, dirigeait le royaume de Camelot. Lors du réveillon du jour de l'an, alors que la fête battait son plein, un homme de grande taille, monté sur un cheval, arriva au château. Tous étaient stupéfaits. À part ses yeux rouges lançant des éclairs de feu, l'étranger était vert de la tête aux pieds. Sa peau, ses habits, sa barbe, ses cheveux, même sa monture, étaient verts. Il tenait dans une main une épée massive, dans l'autre, une branche de houx.

« Je viens ici pour rencontrer le plus brave et le plus honnête des chevaliers, rugit-il. Qui relève mon défi ? Dans un an et un jour, je rencontrerai à la Chapelle verte celui qui me décapitera aujourd'hui, et lui rendrai son coup. »

Il y eut un silence horrifié. Seul Gauvain, le plus jeune des chevaliers, bondit sur ses pieds. « Je relève ton défi », dit-il.

Et, d'un unique coup d'épée, il décapita le Chevalier vert. Pourtant, celui-ci se releva. Il immobilisa sa tête qui roulait sur le sol et l'emporta sous son bras. Ses pâles lèvres vertes ne cessaient de répéter : « N'oublie pas… la Chapelle verte… dans un an et un jour. » Puis le chevalier sans tête s'éloigna au pas de son cheval.

Gauvain savait qu'il allait à une mort certaine, néanmoins il tint sa promesse.

Pendant des mois, il parcourut le royaume à la recherche de la Chapelle verte. Finalement, trois jours avant la fin du délai, affamé et épuisé, il découvrit un château, qui appartenait à sire Bertilak et à sa charmante épouse. Il entra en chancelant et s'entendit dire : « La Chapelle verte est tout près. Reposez-vous avant votre combat avec le Chevalier vert. Je vous propose un marché : chaque nuit, je vous donnerai une partie de mes prises de chasse, tandis que vous me direz ce que vous avez fait pendant mon absence.

– Marché conclu ! » accepta Gauvain en riant.

La première nuit, quand Bertilak rentra de la chasse, Gauvain lui confessa : « J'ai donné un baiser à ta femme. » Bertilak lui offrit un cerf.

« J'ai donné deux baisers à ta femme », avoua Gauvain la deuxième nuit. Bertilak lui tendit alors un sanglier.

« Trois baisers, aujourd'hui », admit-il la troisième nuit, et Bertilak lui donna un renard.

En réalité, Gauvain avait caché une partie de la vérité. La femme de Bertilak lui avait confié une ceinture magique supposée le protéger. Aussi, le jour du nouvel an, il boucla la ceinture à sa taille et, le cœur battant, il se rendit à la Chapelle verte.

« Tu es venu ! » s'exclama le Chevalier vert. Il leva son épée au-dessus de Gauvain, qui découvrit son cou dans l'attente de la mort. La lame n'entama même pas la chair.

Le Chevalier vert frappa de nouveau. Il ne réussit qu'à égratigner l'homme agenouillé devant lui. La troisième fois, le Chevalier vert entailla le cou de Gauvain, mais la blessure n'était que superficielle.

Au moment où il abaissait son épée, sa peau et ses cheveux perdirent leur couleur verte. En face de Gauvain se tenait non pas le mystérieux Chevalier vert mais son hôte, sire Bertilak.

« Tu as gagné. Tu es le plus brave et le plus honnête des chevaliers, concéda Bertilak dans un sourire. Tu es digne d'être chevalier.

– Je n'ai pas été honnête, ne put s'empêcher d'avouer Gauvain, et je suis un lâche, car je n'ai pas dit que ta femme m'avait confié une ceinture magique.

– Tu as fait preuve d'assez de bravoure. Tu peux retourner à la cour du roi Arthur la tête haute.

– Je ne me séparerai jamais de la ceinture en signe de ma honte », lui jura Gauvain. Toutefois, le roi Arthur convint de la bravoure de Gauvain et à partir de ce moment-là, tous les chevaliers portèrent une ceinture verte par respect pour le plus jeune et le plus courageux d'entre eux.

# La gardeuse d'oies

La princesse Grace était promise au prince Guillaume, qu'elle n'avait encore jamais rencontré. Aujourd'hui, elle lui rendait visite pour la première fois.

Avant de quitter le palais, la reine lui tendit un médaillon d'argent.

« Il est magique, lui dit-elle. Il te protégera. Surtout ne le perds pas.

– Promis », jura Grace. Elle monta sur son cheval et partit, accompagnée de sa servante, Mona.

Le chemin était long, la chaleur brûlante. Au bout de quelque temps, elles approchèrent d'une rivière.

« J'ai soif, dit Grace. Veux-tu bien me passer ma tasse, Mona ?

– Je ne me suis pas encombrée de deux tasses, rétorqua la servante. Je n'ai pris que la mienne. » Elle remplit sa tasse d'eau et but à pleines gorgées.

La princesse s'agenouilla dans l'herbe et recueillit un peu d'eau dans ses mains en coupe. Malheureusement, quand elle se pencha, le médaillon se détacha.

« Oh non ! » s'exclama-t-elle en le voyant tomber dans la rivière et s'enfoncer.

« Je dirai à la reine que vous avez perdu le médaillon, se moqua la servante.

– S'il te plaît, n'en fais rien, implora Grace. Je lui ai promis d'en prendre soin.

– Je ne dirai rien si vous me donnez vos habits et votre cheval, rétorqua Mona. Et jurez de garder le silence. »

Falada, le cheval de la princesse, était lui aussi magique. Il pouvait parler. Peu impressionné, il hennit : « Quelle méchante petite servante tu fais, Mona ! »

Puisque Grace n'avait pas d'autre choix, elles échangèrent leur monture, puis elle troqua sa belle parure contre la robe inélégante de Mona. Enfin, elles continuèrent leur route.

Quand elles arrivèrent devant le palais, le prince Guillaume vint à leur rencontre et salua la servante. « Bienvenue ! Vous devez être la princesse ?

– Oui, mentit Mona. L'autre là-bas, c'est ma servante. Trouvez-lui une besogne à faire, qu'elle s'éloigne de ma vue.

– Elle pourrait aider Conrad, le garçon qui garde les oies », suggéra le roi, qui avait tout entendu.

Tôt, le lendemain matin, Grace se mit au travail. Alors qu'elle se rendait dans le pré où les oies étaient gardées, elle aperçut Falada, attaché à un arbre.

« Pauvre princesse », soupira doucement le cheval.

Conrad en resta interloqué. Il n'avait jamais entendu un cheval parler.

Pourquoi t'appelle-t-il princesse ? » demanda-t-il.

Grace n'avait pas le droit de lui répondre.

Cette nuit-là, Conrad rapporta au roi la scène à laquelle il avait assisté. Le roi alla trouver Grace dans la cuisine. « Es-tu vraiment une princesse ? s'enquit-il.

– J'ai promis de ne rien dire à âme qui vive », soupira-t-elle.

Le roi réfléchit un instant puis dit : « Pourquoi ne raconterais-tu pas ton histoire à cette armoire ? »

Grace s'enferma alors dans l'armoire et exposa ses tourments.

De l'autre côté, le roi entendait tout.

Quand elle sortit, le roi ordonna qu'elle revêtît des atours dignes d'une princesse et il la mena à la salle à manger, où il la fit asseoir à côté de son fils.

« Pourquoi ma servante est-elle à ma place ? » aboya Mona, en voyant Grace à côté du prince.

« D'abord, réponds à ma question, répliqua le roi. Que ferais-tu à quelqu'un qui se montrerait mesquin, grossier et menteur ?

– Ah ! dit Mona avec un méchant sourire. Je l'enfermerais dans un tonneau puant et ferais rouler celui-ci hors de la ville.

– Bien, admit le roi. Alors, c'est ce que nous allons faire avec toi. »

Ce fut ainsi que Mona reçut sa punition. Falada fut libéré et la princesse épousa le prince, comme promis.

# Blanche-Neige et les sept nains

Il était une fois une reine qui désirait ardemment un enfant. Par un jour d'hiver, alors qu'elle était assise à la fenêtre et cousait en regardant voleter les flocons duveteux, elle se piqua accidentellement le doigt avec son aiguille. Trois gouttes de sang coulèrent sur la neige. Elle se prit alors à rêver qu'elle avait une fille dont la peau était aussi blanche que la neige, les lèvres aussi rouges que le sang et les cheveux aussi noirs que l'ébène.

Par malheur, la reine mourut en donnant naissance à une magnifique petite fille, appelée, selon son souhait, Blanche-Neige.

Peu de temps après, le roi se remaria. La nouvelle reine était très belle, mais aussi orgueilleuse. Son trésor le plus cher était un miroir magique.

Chaque jour, elle lui demandait :

« Miroir, mon beau miroir, qui est la plus belle ?

– C'est vous », répondait invariablement le miroir.

Pourtant, un jour, il chantonna : « Vous êtes belle, il est vrai, mais Blanche-Neige est la plus belle.

– NOOON ! cria la reine. Alors, elle doit mourir ! » Elle fit aussitôt venir un chasseur et lui ordonna : « Emmène Blanche-Neige dans la forêt et tue-la. »

Le chasseur conduisit donc la jeune fille au plus profond de la forêt, mais il ne put se résoudre à la tuer. « Cours ! » s'écria-t-il. Blanche-Neige s'enfuit.

Parmi tous ces arbres, elle fut bientôt perdue. Aussi, quand elle arriva devant une étrange petite chaumière, elle poussa la porte sans hésiter. Elle trouva sept lits, sept chaises et une table sur laquelle étaient posées sept assiettes et sept tasses.

La chaumière appartenait à sept nains. Ils étaient gentils et, quand elle leur raconta son histoire, ils compatirent en chœur.

« Reste avec nous, lui proposèrent-ils. Tu seras à l'abri chez nous. »

Pendant ce temps, la reine, qui ne se doutait pas que Blanche-Neige était encore en vie, interrogeait son miroir. « Qui est la plus belle maintenant ?

– Vous êtes belle, il est vrai, mais Blanche-Neige est la plus belle.

– C'est impossible ! » enragea la reine. Elle se déguisa en vieille femme et décida d'en avoir le cœur net. Elle fouilla son royaume et finit par découvrir la jeune fille. Elle attendit que les nains fussent au travail pour crier : « Qui veut de mes jolis rubans ! »

Blanche-Neige ouvrit précipitamment la porte.

« J'en voudrais un pour lacer ma robe, dit-elle.

– Laisse-moi l'attacher », proposa la reine, qui tira si fort sur le ruban que Blanche-Neige en eut le souffle coupé et perdit connaissance.

De retour chez eux, les nains aperçurent Blanche-Neige allongée sur le pas de la porte. Affolés, ils se précipitèrent et desserrèrent le ruban.

Pendant ce temps, la reine interrogeait son miroir. « Qui est la plus belle maintenant ?

– Vous êtes belle, il est vrai, mais Blanche-Neige est la plus belle. »

Écumant de colère, la reine revêtit un nouveau déguisement et retourna à la chaumière. Cette fois, elle offrit un peigne empoisonné à Blanche-Neige. Dès qu'il toucha les cheveux noirs brillants de la jeune fille, celle-ci s'écroula.

Les nains la découvrirent recroquevillée dans un coin.

« Est-elle morte ? sanglota l'un d'eux.

– Pas tout à fait », dit un autre qui, remarquant le peigne, l'ôta aussitôt de la chevelure de Blanche-Neige. Elle revint à la vie.

Pendant ce temps, la reine interrogeait son miroir.

« Qui est la plus belle maintenant ?

– Blanche-Neige est la plus belle, répondit encore le miroir.

– Cette fois, elle ne m'échappera pas ! » jura la reine.

Elle prit une pomme bien rouge, la coupa en deux et en plongea une moitié dans du poison. Ensuite, elle coupa une pomme verte et assembla une moitié verte avec une moitié rouge empoisonnée. Finalement, elle se déguisa en fermière et frappa chez Blanche-Neige.

« Veux-tu goûter à cette délicieuse pomme ? » susurra-t-elle.

Blanche-Neige fit non de la tête. « Je n'ai pas le droit.

– Je te le promets, elle est bonne. » Pour prouver sa bonne foi, elle mordit dans la moitié verte. « Goûte », pressa-t-elle Blanche-Neige en lui tendant la moitié rouge.

À peine Blanche-Neige avait-elle croqué dans le fruit qu'elle tombait, inanimée, sur le sol. Cette fois, même les nains ne purent la ranimer.

En pleurant, ils la couchèrent dans un cercueil de verre afin de toujours garder sa beauté présente dans leur cœur.

Elle aurait pu reposer ainsi pendant longtemps, mais un prince, qui se promenait à cheval dans les alentours, tomba sous le charme de son visage figé et parfait.

Il souleva le cercueil : le morceau de pomme empoisonnée s'échappa de la bouche de Blanche-Neige. Elle toussa et reprit lentement sa respiration. Quand elle ouvrit les yeux, elle vit le beau visage de son sauveur.

En apprenant la nouvelle, la reine entra dans une fureur démesurée et fut terrassée de jalousie. Blanche-Neige et son prince n'en surent jamais rien. Ils vécurent heureux et en sécurité pour le restant de leurs jours.

# La laitière

Tôt, ce matin-là, Daisie s'en alla au marché. Elle portait deux seaux de lait suspendus à un joug placé en travers de ses épaules. Elle espérait les vendre un bon prix et, la marche aidant, elle s'abandonnait à des rêveries.

« Quand j'aurai vendu le lait, avec l'argent gagné, réfléchissait-elle, je pourrai acheter une jolie petite poule bien dodue. Elle pondra des œufs… beaucoup d'œufs !

Ensuite, je vendrai les œufs à la femme du curé. Cela me fera encore plus d'argent… beaucoup, beaucoup d'argent !

Avec cet argent, j'achèterai d'autres poules et je vendrai encore plus d'œufs, et bientôt, je serai riche. Je m'achèterai une magnifique robe neuve et un joli chapeau assorti, et peut-être même une superbe paire d'escarpins. Oui… des tas d'escarpins ! Des roses, des bleus, des verts…

J'aurai tant de belles choses qu'il n'y aura pas assez de place à la ferme. Alors, je déménagerai et m'installerai dans une grande et somptueuse maison. Et aussi, j'aurai des serviteurs : une femme de chambre, un majordome, un cuisinier et des gens pour s'occuper des poules, bien sûr…

Je serai ravissante dans mes nouveaux habits, et un beau prince tombera follement amoureux de moi…

Il sera parfait en tous points – beau, généreux, intelligent, gentil et incroyablement riche.

Il m'épousera et je deviendrai une princesse ! Le jour de notre mariage, il y aura un bal. Il dansera à merveille et nous virevolterons et tourbillonnerons – comme ceci… »

Absorbée dans ses rêveries, Daisie tournait et pirouettait sur la place du marché. Le joug glissa et les seaux de lait se renversèrent dans la rue.

« Mon lait » ! s'écria Daisie, consternée, en contemplant ses seaux vides.

Adieu poules, œufs, robes, escarpins ! Il ne faut pas prendre ses rêves pour des réalités.

# Le bonhomme de pain d'épice

Il était une fois, dans une contrée lointaine, une petite vieille et un petit vieux qui demeuraient dans une petite chaumière.

Un jour, la petite vieille décida de confectionner un bonhomme de pain d'épice. Elle mélangea les ingrédients, les tourna et fit une pâte. Puis elle la pétrit, l'étira et découpa une forme. Ensuite, elle ajouta deux grains de raisins secs en guise d'yeux, un grain à la place de la bouche et trois grains pour les boutons. Enfin, elle l'enfourna.

Au bout d'un moment, il y eut un toc ! toc ! sur la porte du four, puis une voix s'égosilla : « Laisse-moi sortir ! Laisse-moi sortir ! »

La petite vieille ouvrit la porte du four et n'en revint pas.

Le bonhomme de pain d'épice sauta sur le sol et courut jusqu'à la porte d'entrée, qui était ouverte.

« Reviens ! ordonna la petite vieille.

– Nous voulons te manger », ajouta le petit vieux.

Mais le bonhomme de pain d'épice s'enfuit par l'allée du jardin. Il criait :

« Courez ! Courez ! Aussi vite que vous pouvez. Le bonhomme de pain d'épice, jamais vous ne l'attraperez ! »

Le bonhomme de pain d'épice continua sa course et passa devant un cheval et une vache, qui broutaient l'herbe de la prairie.

« Approche ! » hennit le cheval en secouant sa crinière. « Nous voulons te manger. »

Mais le bonhomme de pain d'épice poursuivit son chemin en chantant :

« J'ai échappé à une petite vieille et à un petit vieux, je peux vous échapper à vous aussi, oui, je le peux ! »

*Courez ! Courez ! Aussi vite que vous pouvez.*

*Le bonhomme de pain d'épice, jamais vous ne l'attraperez !*

Puis le bonhomme de pain d'épice rencontra un fermier qui travaillait au champ.

« Approche ! cria le fermier. Je veux te manger. »

Mais le bonhomme de pain d'épice poursuivit son chemin en chantant : « J'ai échappé à un cheval et à une vache, à une petite vieille et à un petit vieux, je peux t'échapper à toi aussi, oui, je le peux ! »

*Courez ! Courez ! Aussi vite que vous pouvez.*

*Le bonhomme de pain d'épice, jamais vous ne l'attraperez !*

Ensuite, le bonhomme de pain d'épice fila devant une salle de classe, où étudiaient des enfants.

« Arrête-toi ! Approche ! s'exclamèrent-ils. Nous voulons te manger. »

Mais le bonhomme de pain d'épice poursuivit

son chemin en chantant : « J'ai échappé à un fermier, à un cheval et à une vache, à une petite vieille et à un petit vieux, je peux vous échapper à vous aussi, oui, je le peux ! »

*Courez ! Courez ! Aussi vite que vous pouvez.*

*Le bonhomme de pain d'épice, jamais vous ne l'attraperez !*

Enfin, le bonhomme de pain d'épice arriva à une rivière. Il ne pouvait pas revenir sur ses pas, car il se ferait attraper. Il ne pouvait pas non plus aller de l'avant, car il se mouillerait et se mettrait à fondre.

« Je peux t'aider », proposa un renard, le voyant tout affolé. Il s'approcha. « Grimpe sur mon dos et je te ferai traverser.

– Merci ! » dit le bonhomme de pain d'épice en sautant sur la queue du renard.

À peine l'animal avait-il entamé la traversée qu'il dit : « Oh ! ma queue trempe dans l'eau ! Tu ferais mieux de te mettre sur mon dos. »

Ce que fit le bonhomme de pain d'épice.

« Oh ! fit encore le renard. Mon dos est mouillé. Pourquoi ne grimpes-tu pas sur ma tête ? »

Ce que fit le bonhomme de pain d'épice.

Alors, ni une ni deux, le renard releva promptement le museau. Le bonhomme de pain d'épice fut projeté en l'air et… CLAC ! Le quart du bonhomme se retrouva entre les mâchoires du renard. CLAC ! La moitié se retrouva entre les mâchoires du renard. CLAC ! Les trois quarts se retrouvèrent entre les mâchoires du renard.

CLAC ! CLAC ! MIAM ! fit le renard, la bouche pleine, et du bonhomme de pain d'épice, il ne fut plus jamais question.

# Comment Ours perdit sa queue

Autrefois, Ours possédait une queue longue et touffue, une queue magnifique, dont il était très fier. D'ailleurs, tous les autres animaux l'enviaient, tous sauf Renard, car lui aussi avait une queue longue et touffue. Il n'appréciait pas du tout qu'Ours se pavanât et attirât l'attention. Il décida de lui jouer un bon tour.

Un jour d'hiver, il déroba quelques poissons pris dans les filets d'un pêcheur et les abandonna près d'un trou fait dans les glaces du lac. Quand Ours sentit l'odeur des poissons, il s'avança de son pas pesant.

« Ces poissons ont l'air délicieux, dit-il à Renard.

– Tu veux voir comment je les pêche ? » proposa Renard, une idée derrière la tête.

Tenté, Ours hocha la tête.

« Seuls les animaux dotés d'une queue comme la nôtre peuvent pêcher de la sorte, poursuivit Renard. Regarde, il te suffit de t'asseoir dos au trou et de laisser ta magnifique queue tremper dans l'eau. Quand un poisson te mordillera la fourrure, tu n'auras plus qu'à tirer pour le sortir de l'eau.

– Mais comment le savoir puisque j'aurai le dos tourné ? s'enquit Ours. Et si je ne sens rien ?

– Je vais me cacher tout près, promit Renard, et je crierai Vas-y ! au moment propice. »

L'ours, à l'idée d'un bon repas, s'assit et plongea avec impatience sa belle queue dans l'eau glacée.

« Cela peut prendre un peu de temps, fit remarquer Renard. Ne bouge pas et ne tire pas avant que je te le dise. »

Cela dit, Renard partit furtivement se cacher.

Il observa Ours quelque temps pour s'assurer qu'il avait compris ce qu'il y avait à faire, puis il trottina jusqu'à sa tanière et patienta chez lui, bien au chaud, tandis qu'Ours restait seul sur la glace.

Ours attendit et attendit.

La nuit remplaça le jour.

Le froid tomba sur le lac.

Il se mit à neiger.

Fatigué et affamé, Ours, pris d'un sommeil irrésistible, s'effondra sur la glace.

Le lendemain matin, Renard se réveilla en pleine forme. Sa première pensée fut pour Ours. « Je me demande s'il est encore là-bas… »

Renard trottina vers le trou et ne trouva qu'une petite colline blanche d'où sortaient deux oreilles. Il s'approcha doucement… et entendit Ours qui ronflait sous le monticule de neige.

Ricanant d'avance du tour de chenapan qu'il allait jouer, Renard s'avança un peu plus, puis d'une voix forte cria : « Vas-y ! »

Ours se réveilla en sursaut et tira d'un coup sec sur sa queue. CLAC ! Il se retourna vivement pour voir le délicieux poisson qu'il croyait avoir pris. Au lieu de cela, sa queue, sa si belle queue, coupée net, était emprisonnée dans la glace du lac. Dans la nuit, le froid avait fait geler l'eau autour de la queue d'Ours.

« Je suis désolé, glapit Renard, en détalant. Jamais je n'aurais pu imaginer ce qui vient d'arriver. »

Ours lança un regard noir à Renard. « Je vais te montrer, moi ! » rugit-il.

Voilà pourquoi, depuis ce temps, les ours ont une petite queue en pompon et… qu'ils n'apprécient pas beaucoup les renards.

# Le soldat de plomb

« Joyeux anniversaire, Ben » dit le père de Ben en lui tendant une boîte emballée dans du papier brillamment coloré. Tout excité, Ben défit le paquet.

« Des soldats de plomb ? s'exclama-t-il. Juste ce que je voulais. Merci papa ! »

Le père de Ben remarqua toutefois qu'il manquait une jambe à l'un des soldats. Ben ne s'en préoccupa pas. Toute la journée, il fit défiler ses nouveaux jouets dans sa chambre.

Mais à l'heure du coucher, il chercha en vain le soldat unijambiste.

« Peu importe, dit son père. On verra demain. »

Mais, tandis que Ben dormait, quelque chose de magique se produisit. Tous les jouets s'animèrent et se mirent à courir en tous sens.

Le soldat perdu était en réalité tombé derrière quelques cubes. Sortant la tête, il aperçut une ravissante ballerine qui dansait sur une jambe.

« Voilà la femme qu'il me faut », se dit-il. Il sourit à la poupée de carton. Elle lui rendit son sourire.

« Soldat, veux-tu bien garder tes yeux dans ta poche ! » aboya le diable à ressort, jaloux.

Le lendemain matin, Ben retrouva le soldat de plomb unijambiste et le posa sur le rebord de la fenêtre pour ne plus le perdre.

« C'est mon jour de chance », pensa méchamment le diable à ressort. Il prit une profonde inspiration et souffla de toutes ses forces sur le soldat, qui passa par la fenêtre ouverte.

Il tomba sur le trottoir juste en dessous. Au même instant, deux gamins accouraient.

« Hé ! un soldat ! s'écria l'un d'eux.

– Non, un marin », s'esclaffa l'autre.

Ils se saisirent en effet d'une feuille de journal, confectionnèrent un bateau, placèrent le soldat à l'intérieur et le firent flotter dans l'eau du caniveau.

« Ha, ha, ha ! fit en riant l'un des gamins. Comme il va vite ! »

Quelques secondes plus tard, le bateau tombait dans un trou et atterrissait, *plouf !* dans un égout sombre et nauséabond.

« Pouah ! quelle puanteur ! » se dit le soldat, pendant que le bateau continuait sa route sur les flots sales.

Soudain, une sinistre silhouette se profila dans l'ombre. Un gros rat crasseux jaillit devant lui.

« Un sou, un sou pour passer ! couina-t-il.

– Je n'ai pas d'argent », dit le soldat dans son bateau. « Pauvre de moi, poursuivit-il en soupirant, pourrai-je un jour revoir ma ravissante ballerine ? »

Peu après, le jour se leva. Le bateau fut projeté hors de l'égout et atterrit en éclaboussant dans une rivière tumultueuse.

Le soldat eut à peine le temps de reprendre son souffle que déjà le bateau sombrait. Mais le pire était à venir…

Un poisson, énorme et vorace, nagea vers lui et le goba, *slurp !* sans faire de quartier.

« Je suis enfermé dans ce poisson à vie ! » se mit à pleurnicher le soldat. Pourtant, cette fois, la chance allait tourner en sa faveur, pour l'instant en tout cas.

Cet après-midi-là, un pêcheur attrapa le poisson. « Quelle belle prise ! » pensa-t-il. Sûr de bien le vendre, il l'emporta au marché.

Et ce fut le père de Ben qui l'acheta !

Il rapporta le poisson à la maison, le sortit de son emballage, et le soldat de plomb tomba. Il se précipita dans la chambre de Ben.
« Regarde qui est de retour ! »

Ben était enchanté.

La ballerine s'extasia, ravie de revoir le soldat de plomb. Le diable à ressort, lui, était furieux et, la nuit, quand le soldat passa devant la cheminée, il souffla et l'envoya dans les braises.

Mais la ballerine ne pouvait supporter l'idée d'être séparée de son brave soldat. Alors, elle voltigea dans le feu, à ses côtés.

Le lendemain matin, Ben chercha en vain ses deux jouets. Dans les cendres de la cheminée, il découvrit une paillette argentée et un minuscule cœur de plomb.

Il ne comprit jamais comment ils étaient arrivés dans le foyer, mais il les conserva ensemble, bien à l'abri, enfin réunis pour toujours.

# Le pêcheur et le génie

Autrefois, un jeune pêcheur demeurait près de la rivière. Chaque jour, il lançait ses filets dans les eaux vives et, chaque soir, il rentrait chez lui avec un panier plein à ras bord de gros poissons brillants et frétillants.

Pourtant, ce jour-là, la chance n'était pas au rendez-vous. « Où sont donc passés les poissons ? » soupira-t-il, en fouillant le filet rempli de pierres vaseuses. Tout à coup, quelque chose scintilla dans la vase. « Un poisson ! » pensa-t-il, plein d'espoir. Mais ce n'était qu'une vieille bouteille bleue, bien fermée. « Je me demande ce qu'il y a dedans ? » Il la secoua ; aucun bruit n'en sortit. Alors, il arracha le bouchon, *pop !* et l'inspecta en regardant par le goulot.

Toujours rien.

Il allait la jeter quand un peu de fumée s'en échappa. Elle gonfla, tourbillonna et se transforma en formes étranges… deux yeux… une bouche…

« Un génie ! » s'écria le pêcheur terrorisé, en reculant d'un pas.

« Oui, rugit le génie. Cela fait des siècles que je suis enfermé dans cette bouteille et j'ai faim ! Miam-miam, tu as l'air appétissant. » Le génie tendit une main puissante.

« Attends… » dit le pêcheur, réfléchissant au plus vite pour échapper au pire. « Est-ce que tu viens juste de sortir de cette bouteille ?

– Oui, répondit d'un ton sec le génie.

– Je ne te crois pas, dit le pêcheur. Comment diable aurais-tu fait pour tenir ?

– Je peux tout faire, riposta le génie. Je vais te le prouver avant de te manger. »

Il s'introduisit dans la bouteille…

… que le pêcheur reboucha précipitamment.

« Et tu y resteras, dit-il à la bouteille d'un air sévère, tant que tu mangeras les gens ! »

# Le baobab

Il y a si longtemps que personne ne s'en souvient, les dieux créèrent le monde. D'abord, les terres et les mers, puis les montagnes et les plaines. Un jour, ils firent un arbre parlant, qu'ils nommèrent le baobab.

Seul, planté dans un sol aride, le baobab n'était pas heureux.

« Il fait trop chaud », se plaignait-il. « J'ai soif », se lamentait-il.

Les dieux ne faisaient pas attention à lui. Un jour, ils semèrent une palmeraie.

« Ce n'est pas juste, grogna le baobab. Je suis trop petit. Les palmiers sont si grands. »

Les dieux ignorèrent encore ses lamentations. Ils firent pousser des arbres qui portaient de superbes fleurs multicolores.

« Et moi, pourquoi ne suis-je jamais en fleurs ? » pleurnichait le baobab.

À présent, les dieux commençaient à perdre patience.

« Tiens-toi tranquille, recommandèrent-ils au baobab. Nous avons beaucoup de travail. »

Cette fois, ils firent pousser des arbres qui portaient de délicieux fruits gorgés de jus.

« Hé ! Pourquoi ont-ils des fruits, eux ? les interpella le baobab. Moi aussi, je veux des fruits.

– Cela suffit ! » ordonnèrent les dieux de leurs voix puissantes. « Arrête de te lamenter, tu nous embêtes. Ne peux-tu te taire un instant ?

– Mais ce n'est vraiment pas juste, pourquoi n'ai-je pas... » continua cependant à maugréer le baobab, vexé.

« C'en est assez », déclara le roi des Dieux. Il s'entretint avec les autres, puis il se tourna vers le baobab. « Si tu ne peux pas te taire, déclara-t-il, alors nous t'y obligerons.

– Non ! Arrêtez ! » hurla le baobab, impuissant.

En effet, ils le déracinèrent, le renversèrent et plantèrent sa cime et ses branches profondément dans la terre. Il n'y avait plus que son tronc et ses racines qui restaient bien visibles. Sa voix, étouffée, ne dérangeait plus les dieux.

Depuis ce temps, les baobabs poussent à l'envers... et maintenant tu sais pourquoi.

# L'aigle et la tortue

« Je voudrais pouvoir voler », dit la petite tortue, ne s'adressant à personne en particulier. La tête levée, elle observait les oiseaux, qui planaient dans le ciel. « Si seulement je pouvais être rapide comme eux, gracieuse comme eux et libre comme eux. »

Pendant qu'elle réfléchissait ainsi à sa condition, un aigle atterrit tout près.

« Tu voudrais voler ? lui demanda-t-il.

– Plus que tout au monde ! répondit-elle.

– Mais tu n'as pas de plumes ni d'ailes, lui expliqua l'aigle. Tu es faite pour marcher.

– Je suis sûre que je peux voler, si seulement je pouvais essayer, insista-t-elle. Ce ne doit pas être bien difficile.

– Si je t'apprends, ajouta l'aigle, que me donneras-tu en échange ?

– Tout ce qui m'appartient ! » offrit la tortue, qui conservait de nombreux trésors sous sa coquille.

« Bien, si c'est ce que tu veux, dit l'aigle.

– J'en suis sûre ! s'écria la tortue. Qu'attends-tu ? »

Alors l'aigle prit la petite tortue entre ses grosses serres noires, battit de ses grandes ailes brunes et s'envola.

La Terre s'éloigna de plus en plus sous la petite tortue, le vent se mit à ronfler à ses oreilles ; ils volaient très haut, au-dessus des champs.

« Es-tu prête à voler ? demanda l'aigle.

– Oui ! Oui ! Prête ! »

L'aigle relâcha son étreinte. La petite tortue tomba comme une pierre.

« J'aurais mieux fait de rester sur la terre ferme »,

sanglotait-elle, tandis qu'elle plongeait dans les airs. « Je ne suis pas faite pour voler ! »

Elle atterrit sur un carré de mousse bien épais. Boum ! Étourdie, courbatue, des bleus partout, ainsi étendue elle pouvait tout à loisir admirer l'aigle qui faisait des cercles au-dessus d'elle.

« À présent, je m'en tiendrai à ce que je peux faire. »

# Momotaro, l'enfant né d'une pêche

Il y a de nombreuses années de cela, au Japon, vivait un couple de pauvres petits vieux. Un jour, alors que la vieille femme lavait son linge à la rivière, elle remarqua une pêche géante qui flottait sur l'eau.

Ravie de l'aubaine, elle l'agrippa avec une canne de bambou et la fit rouler jusqu'à leur maison dans l'intention de la manger.

Quand ils coupèrent la pêche en deux, quelle ne fut pas leur surprise de voir un garçonnet en sortir.

« Nous l'appellerons Momotaro, dit le petit vieux, l'enfant né d'une pêche. »

Ils l'aimèrent comme un fils. Il devint le plus fort et le plus courageux des jeunes gens du village. Mais il s'ennuyait. Il trouvait sa vie trop tranquille et ne rêvait que d'aventures.

« Je vais traverser la mer et rejoindre l'île aux Monstres, décida, un jour, Momotaro.

– Je voudrais tant que tu restes », se désolait sa vieille mère. Mais Momotaro ne changea pas d'avis. Avec un soupir, la vieille femme confectionna quelques gâteaux de millet qu'elle mit dans une besace en cuir. « Tu les mangeras pendant le voyage », lui dit-elle.

Momotaro fit un signe d'adieu à ses parents et s'en fut. Il n'était pas allé bien loin qu'un chien l'aborda et le renifla.

« Qu'est-ce que je sens dans ta besace ? aboya-t-il, en salivant.

– De délicieux gâteaux de millet, répondit Momotaro, que je vais manger pendant mon voyage vers l'île aux Monstres.

– Si tu m'en donnes un, je t'accompagne », répliqua le chien.

Momotaro était content

d'avoir un peu de compagnie. Il sortit un gâteau de sa besace et le lança au chien.

Quelque temps plus tard, un drôle de singe, qui se balançait dans les arbres, demanda, en se léchant les babines : « Qu'est-ce que je sens dans ta besace ? »

Momotaro le mit au courant et le singe proposa de venir avec eux en échange d'un gâteau de millet. Momotaro lui en offrit un.

Peu de temps après, un faisan descendit en volant près d'eux. Il réclama également un gâteau. Momotaro lui en présenta un, puis les quatre compagnons poursuivirent leur route vers la côte.

Momotaro dénicha une barque et ils ramèrent sur les flots agités jusqu'à l'île aux Monstres.

Au cœur de l'île se dressait une vaste forteresse avec de solides portes en bois. Momotaro les poussa de toutes ses forces et entra.

Alors, d'hideux gobelins, qui étaient au service des monstres, surgirent de l'ombre et tentèrent d'attraper Momotaro. Celui-ci les repoussa de son épée, puis les quatre amis se précipitèrent dans la pièce suivante. C'était la salle du trône. À la vue d'Akandoji, le terrible roi des Monstres, les animaux hésitèrent. Le roi se leva d'un bond et se dressa de toute sa hauteur. Il les dépassait largement.

« Qui ose me déranger dans mon domaine ? rugit Akandoji.

– C'est moi, répondit Momotaro avec aplomb. Et je n'ai pas peur de toi. »

Grondant et grognant, le géant cingla l'air de sa lourde épée. Mais Momotaro fut plus rapide. Il réussit à parer chacun des coups portés par le monstre. En même temps, le chien et le singe mordaient à tout va le roi des Monstres, tandis que le faisan lui donnait des coups de bec.

Enfin, Akandoji, à bout de souffle, s'effondra aux pieds de Momotaro.

« Ne me fais pas de mal ! implora-t-il. Prends mes bijoux, je te les donne, mais allez-vous-en ! »

Momotaro se dirigea vers l'énorme coffre qui débordait des trésors volés par les monstres, il s'empara d'un sac plein de pierres précieuses et d'or et sortit en hâte de la forteresse.

Les quatre aventuriers revinrent dans leur village, où ils furent accueillis en héros par les habitants. Quant au couple de petits vieux, ils profitèrent des richesses acquises par leur courageux et intrépide enfant né d'une pêche.

# Les trois boucs

Trois boucs avaient grand-faim. Ils cherchaient à atteindre l'autre berge de la rivière, là où l'herbe de la montagne était la plus verte.

Malheureusement, il leur fallait franchir un pont sous lequel vivait un affreux troll malfaisant. Ses yeux étaient grands comme des soucoupes, son nez était aussi long qu'un jour sans pain, et surtout, son appétit pour les boucs bien dodus était insatiable.

« Moi, en premier », dit le plus jeune et le plus chétif des trois boucs quand ils approchèrent. *Clip-clop, clip-clop* firent ses sabots sur les planches. Soudain, une voix tonitruante, à en faire trembler le pont, retentit.

« Qui ose faire clip-clop sur mon pont ?

– Ce n'est que moi, le plus jeune des trois boucs. Je franchis le pont pour aller là où l'herbe est plus verte.

– Oh ! certainement pas ! rugit la voix. Je vais de ce pas te dévorer. » Le troll, hirsute et mécontent, se hissa sur le pont.

« Non ! Non ! Ne me mange pas, l'implora le plus jeune des trois boucs. Attends, mon frère cadet me suit. Il est plus dodu que moi. »

Le troll accepta à contrecœur. Il se glissa de nouveau sous le pont et laissa le plus jeune des boucs caracoler librement vers l'herbe plus verte qui poussait au-delà du pont.

Quelques instants plus tard, le deuxième bouc, plus grassouillet que son frère, se présenta. *Clip-clop, clip-clop* firent ses sabots sur les planches.

« Qui ose faire clip-clop sur mon pont ? rugit le terrible troll.

– Ce n'est que moi, le cadet des trois boucs. Je franchis le pont pour aller là où l'herbe est plus verte.

– Oh ! certainement pas ! » rugit la voix, et le troll se hissa sur le pont. « Je vais de ce pas te dévorer.

– Non ! Non ! Ne me mange pas, le supplia le cadet des trois boucs. Attends, mon frère aîné me suit. Il est beaucoup plus dodu que moi. »

Le troll accepta, avec encore plus de réticence. Il se faufila encore une fois sous le pont et laissa le cadet des boucs cabrioler joyeusement vers l'herbe plus verte au-delà du pont.

Peu de temps après, le troisième bouc, le plus gras, le plus gros et le plus dodu, approcha. *Clip-clop, clip-clop* firent ses sabots sur les planches.

« Qui ose faire clip-clop sur mon pont ? tonitrua le terrible troll.

– C'est moi, l'aîné des trois boucs.

– Enfin ! Je vais de ce pas te dévorer », tempêta le troll en escaladant le pont.

« Oh ! que non ! » répliqua l'aîné des trois boucs. Il baissa la tête et chargea. D'un seul coup, il envoya l'horrible troll dans les eaux tumultueuses en dessous. Tandis que le monstre flottait au loin, emporté par la rivière, l'aîné des trois boucs, le plus dodu, traversa le pont et rejoignit ses frères dans l'herbe la plus verte et la plus grasse de la montagne.

# Les trois souhaits

Un vieux fermier demeurait avec sa femme dans une petite ferme. Un jour, alors qu'il fauchait son champ de blé, il entendit un petit cri. Il se pencha et découvrit une fée, tremblant de peur entre les tiges.

« À l'aide, s'il vous plaît ! implora-t-elle de sa voix fluette. Mes ailes sont emprisonnées et je ne peux pas m'envoler.

– Laisse-moi faire », répondit le fermier, et il écarta doucement les tiges.

La fée, libérée, vint voleter devant son sauveur. « Je te remercie. En retour, je t'accorde trois souhaits. »

Puis, dans un tourbillon, elle disparut.

L'esprit en effervescence, le fermier se précipita chez lui.

« Tu ne vas pas me croire ! lança-t-il à sa femme. Je viens de secourir une fée et elle nous a accordé trois souhaits !

– Ça alors ! » déclara sa femme. Il était rentré si tôt qu'elle n'avait pas encore préparé le dîner. « Si seulement j'avais une saucisse », murmura-t-elle.

Aussitôt, une saucisse bien rebondie apparut sur la table.

« Une saucisse ? s'écria le fermier. Quel souhait ridicule ! C'est comme si je souhaitais qu'une saucisse te pende au bout du nez. »

En un instant, ce fut fait.

« Arrrh ! » hurla sa femme, en secouant le tête et en courant autour de la table. « Enlève-moi ça tout de suite ! » vociféra-t-elle, furieuse. Elle avait en effet une drôle de tête avec cette saucisse.

Le fermier s'agrippa au nez de sa femme et tira de toutes ses forces, si bien qu'il lui décrocha presque la tête. La saucisse, bien attachée, résista.

La femme du fermier s'effondra, en pleurs. Le fermier se sentait bête.

« Qu'allons-nous faire ? » sanglotait-elle.

Le fermier l'examina. Ce nez en saucisse était vraiment ridicule. Soudain, il eut une idée.

« Puisqu'il nous reste un souhait, que cette saucisse disparaisse de ton nez. »

Ce qui fut fait.

Sa femme sauta de joie ; le fermier, soulagé, la prit dans ses bras.

« Hélas ! maintenant, nous n'avons plus de souhaits, fit-elle remarquer.

– Je sais, dit-il avec philosophie, mais au moins nous avons une belle saucisse pour le souper ! »

# Tom Pouce

Autrefois, la femme d'un fermier était au désespoir, car elle n'avait pas d'enfant. « Même s'il n'était pas plus gros que le pouce ! » soupirait-elle.

Une gentille fée dut l'entendre, car, cette nuit-là, une magnifique fleur s'épanouit sous la fenêtre de la ferme et, au milieu des pétales ouverts, un minuscule garçon dormait, confortablement pelotonné.

« Nous l'appellerons Tom Pouce », souffla la fermière à son époux, et il n'y eut pas de mère plus heureuse au monde, même si la petite taille de son fils lui causait bien du tracas.

Un jour, alors que Tom Pouce cueillait des baies, un oiseau s'approcha, saisit le fruit et s'envola haut dans le ciel.

« Lâche-moi ! » hurla Tom Pouce.

Décontenancé, l'oiseau lâcha sa prise, et le petit garçon tomba directement – *plouf !* dans la rivière, où un énorme poisson en profita pour le gober tout entier. Tout devint noir.

Dans l'après-midi, la cuisinière du roi découpa le ventre du poisson et Tom Pouce en jaillit. La femme fut si chamboulée qu'elle l'amena chez le roi.

« Mais… que faisais-tu dans mon dîner ? » s'exclama le monarque.

Tom Pouce expliqua : « … et un pêcheur a attrapé le poisson, c'est pourquoi je suis devant vous !

– Quelle histoire ! dit le roi, enthousiaste. Je te fais chevalier. » Il donna à Tom Pouce une aiguille en guise d'épée et une souris domestiquée pour cheval.

Tandis que Tom Pouce trottinait autour du trône, une servante poussa un cri : « Aaah ! un rat ! »

N'écoutant que son courage, Tom Pouce ordonna à sa souris : « Charge ! » et il galopa en brandissant son aiguille. Le rat s'enfuit prestement.

Le roi éclata de rire. « Une telle vaillance mérite récompense », dit-il à Tom Pouce en ouvrant un coffre rempli de trésors. « Prends ce que tu peux porter. »

Bouche bée, Tom Pouce contempla l'or et les bijoux qui s'entassaient. Il remarqua alors une petite pièce d'argent. « Je vais prendre ceci, dit-il. Merci, Majesté ! Maintenant, il est l'heure de partir, car ma mère va s'inquiéter. »

En effet, il était presque minuit quand Tom Pouce arriva sur sa souris devant la ferme familiale.

« Tom Pouce ! » s'écrièrent ses parents, soulagés de le revoir. « Où étais-tu parti ?

– À l'aventure, répondit Tom Pouce. J'ai rencontré le roi et fait fortune. » Il leur montra la petite pièce. « Que c'est bon de rentrer chez soi ! »

# Les cadeaux magiques

Il était une fois, en Chine, un riche marchand qui avait trois fils – Sang, Kang et Chung.

Avant de mourir, le vieil homme fit promettre à ses enfants de partager équitablement sa fortune.

Mais, quand le jour fatidique arriva, Sang et Kang revinrent sur leur promesse. Ils vendirent tous les biens de leur père, y compris la maison, et se partagèrent l'argent.

« Tiens, prends donc ce sachet de pièces de monnaie, petit frère, proposa Sang à Chung.

– Et estime-toi heureux », ajouta Kang.

Avec tout leur argent, Sang et Kang purent s'offrir chacun une somptueuse demeure, ainsi que des meubles extravagants et onéreux.

Le pauvre Chung, lui, avait tout juste de quoi acheter une hutte dans le village voisin.

Un jour, tandis qu'il cherchait de quoi se nourrir dans la forêt, il rencontra un vieux moine tout rabougri. Il portait un énorme fagot de bambous.

« S'il te plaît, pourrais-tu m'aider à traverser la rivière ? s'enquit le moine d'une voix chevrotante. Le pont est cassé et je ne peux pas rentrer chez moi.

– Je vais vous porter de l'autre côté », offrit Chung. Il prit le moine et son fagot sur son dos et parvint, tant bien que mal, sur l'autre rive.

Quand ils arrivèrent chez le moine, Chung fut pris de pitié pour le vieil homme, tout seul dans la montagne. Il proposa de rester et de s'occuper de lui.

Le moine en était ravi. Cependant, au bout de quelques semaines, il comprit que sa famille et ses amis manquaient à Chung.

« Je te suis reconnaissant de tout ce que tu as fait, déclara le moine, mais il est temps que tu rentres chez toi. Prends ce petit cadeau en remerciement. »

Le moine farfouilla quelques instants dans sa robe et en sortit un paillasson, enroulé autour d'une cuillère en bois et d'une paire de baguettes.

Chung se mit en route mais, surpris par la nuit, il perdit son chemin dans le noir.

« Il faut que je passe la nuit ici », se raisonna-t-il. Il étala le paillasson par terre. « Si seulement j'avais un peu plus de confort », soupirait-il en cherchant le sommeil.

À son réveil, il se trouvait dans un magnifique château, couché dans le plus grand et le plus confortable des lits. Sous le matelas reposait le paillasson.

« Ce paillasson doit être magique ! » s'étonna-t-il.

Il saisit la cuillère et dit : « Si seulement j'avais à manger ! »

À l'instant, des fruits jaillirent en cascade de la cuillère et s'entassèrent sur le sol.

Chung s'empara des baguettes et les tapota. Quatre élégantes danseuses apparurent par magie. Elles lui chantèrent des chansons douces pendant qu'il mangeait.

Peu de temps après, les frères de Chung passèrent par là. Ils avaient déjà remarqué le château et désiraient le visiter pour satisfaire leur curiosité.

« Chung ! » s'exclamèrent-ils avec stupéfaction quand ils virent leur petit frère au milieu de tant de richesses.

Chung leur raconta son histoire.

« Si nous étions pauvres, peut-être que le moine nous donnerait à nous aussi des cadeaux magiques », murmura Sang à Kang.

Alors, les deux frères abandonnèrent tous leurs biens, y compris leurs maisons extravagantes.

Quand ils eurent tout donné, sauf les vêtements qu'ils portaient, ils se présentèrent à la maison du moine. Le vieil homme n'était nulle part.

« Attendons-le », suggéra Sang.

Ils attendirent… attendirent… et attendirent encore.

Une année s'écoula, et les frères patientaient toujours. Enfin, dépenaillés, harassés et lassés, ils se traînèrent vers le château de Chung.

« Nous sommes désolés d'avoir été si méchants avec toi, renifla Sang. Ce n'est pas drôle d'être pauvre.

– S'il te plaît, pardonne-nous, supplia Kang.

– Bien sûr, répondit Chung. Une famille unie et heureuse, voilà le meilleur des cadeaux. »

# Le Soleil et le Vent

Tout en haut, dans le ciel, le Soleil et le Vent se disputaient. Ils se connaissaient depuis de nombreuses années, pourtant, ils n'étaient jamais d'accord sur rien. « Je suis plus puissant que toi, soufflait le Vent.

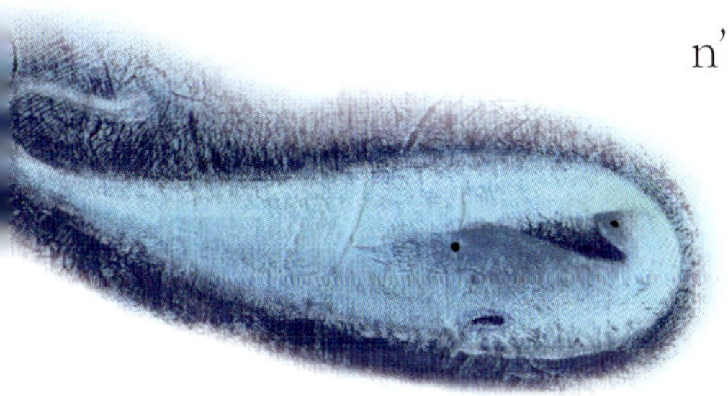

– Ce n'est pas vrai, rétorquait le Soleil, dans un doux sourire.

– Si, c'est vrai, ronflait le Vent. D'ailleurs, je peux faire se lever des tempêtes, des ouragans et des tornades ! Je peux même détruire une ville en quelques secondes, si je le décide. »

Le Soleil l'ignora.

« Si tu ne me crois pas, ajouta le Vent, regarde ! »

Il prit une profonde inspiration, dirigea son souffle vers l'océan et exhala une énorme bourrasque. Bientôt, des vagues hautes comme des tours se fracassèrent sur les plages.

Alors que l'écume roulait encore sur le sable, en mer, tous les navires, tels d'insignifiants jouets, étaient projetés en l'air. D'énormes rouleaux se brisèrent sur le rivage, éparpillant les habitants en tous sens. Les chiens aboyèrent, les tuiles des toits s'entrechoquèrent et les portes claquèrent. Le Vent continua ainsi de souffler, jusqu'à ce que tous les arbres fussent dépouillés de leurs feuilles. Puis ce fut enfin le calme.

« Tu as vu ? » se rengorgea-t-il, à peine essoufflé. « J'ai davantage de force que toi.

– Tu as la force de la destruction, expliqua le Soleil, mais il en existe une autre. »

Le Soleil se mit alors à darder ses rayons lumineux sur la Terre et bien vite, les passants, la tête haute, se mirent à marcher dans les rues, en accueillant avec joie leur douce chaleur.

« Les Terriens m'aiment, constata le Soleil, alors qu'ils te craignent.

– Pourtant, je suis plus fort que toi, riposta le Vent, et je vais te le prouver. Réglons cette histoire une fois pour toutes. »

Le Vent abaissa son regard sur la planète et aperçut un homme qui marchait d'un bon pas sur un chemin de campagne. « Celui qui réussit à lui ôter son pardessus l'emporte », déclara le Vent.

Il prit une profonde inspiration et, de toutes ses forces, envoya de grosses bourrasques qui fouettèrent le chemin. Le promeneur ramena son pardessus sur sa poitrine et poursuivit sa route.

Le Vent souffla de nouveau. Cette fois, les arbres se plièrent et craquèrent. Puis le Vent hurla ; le pardessus du promeneur s'ouvrit brusquement, mais ne s'envola pas. Enfin, le Vent, dans un accès de rage, mugit une fois de plus.

La rafale fut si puissante que les branches cassèrent net. Elle balaya tout sur son passage. L'homme courut s'abriter dans une cabane.

Le Vent regarda en bas, furieux et hors d'haleine. « À ton tour », souffla-t-il au Soleil.

Le Soleil brilla un peu. L'homme sortit la tête de l'abri, puis marcha sur le chemin en direction de la plage. Le Soleil brilla beaucoup. Le promeneur ôta son pardessus, puis ses souliers et ses chaussettes.

La colère rendait le Vent muet. Il avait perdu !

« La gentillesse l'emporte parfois sur la force », déclara doucement le Soleil.

Mais le Vent ne l'écoutait pas. Dans un tourbillon de rage, il engendra un ouragan.

# Le Chat botté

Autrefois, un meunier avait trois fils. Si les deux aînés étaient égoïstes et avides, le plus jeune, Gabriel, était la gentillesse et l'honnêteté mêmes.

À la mort de leur père, l'aîné hérita du moulin, le cadet de l'âne, tandis que Gabriel dut se contenter du chat.

« Que vais-je faire ? » s'inquiétait-il, alors qu'il caressait le félin et le grattait derrière les oreilles. « Je n'ai ni argent ni biens… la situation est bien désespérée.

– C'est un mal pour un bien, confia le chat. Achète-moi une paire de bottes et un sac en cuir, et ne t'inquiète plus de rien.

– B…b…ien sûr », bégaya Gabriel, sidéré par ce chat qui parlait.

Le lendemain, l'animal enfila les bottes neuves et rutilantes, garnit le sac de persil et se tapit près d'un terrier. Bientôt, un lapin grassouillet pointa le bout de son nez et se trouva pris au piège. Le Chat botté s'en saisit et l'apporta au palais.

« Un cadeau pour vous, Majesté », déclara-t-il en s'inclinant bien bas devant le roi, « de la part de mon noble maître, le marquis de Carabas.

– Remercie donc ton maître de ma part », dit le roi, étonné.

Le jour suivant, le Chat botté attrapa deux perdrix, qu'il alla également remettre au roi.

Le souverain, très impressionné, loua les bontés de ce marquis de Carabas si généreux, ainsi que les qualités de son extraordinaire chat parlant.

« Cet après-midi, j'emmène ma fille se promener au bord de la rivière », raconta le roi au Chat botté, qui courut aussitôt rapporter la nouvelle à Gabriel.

« Dépêche-toi ! Nous devons aller immédiatement au bord de la rivière ! » ordonna le Chat botté.

Bien que déconcerté, Gabriel suivit cependant son compagnon.

« Maintenant », poursuivit le Chat botté quand ils furent au bord de l'eau, « dès que tu aperçois le carrosse, tu te déshabilles, tu sautes dans l'eau, et ta fortune est faite. »

Gabriel, de plus en plus perplexe, fit ce que lui demandait le chat, malgré l'eau glaciale.

Alors que Gabriel nageait et que le carrosse approchait, le Chat botté rassembla les affaires de son maître et les dissimula sous un rocher.

« À l'aide ! cria-t-il. Mon maître a été attaqué par des voleurs. Ils l'ont jeté dans l'eau et il se noie. »

Les serviteurs royaux se précipitèrent au secours de Gabriel. Ils le tirèrent hors de l'eau, pendant que le Chat botté expliquait au roi que les voleurs avaient emporté les habits du marquis.

« Heureusement, nous avons un habit du soir de rechange dans le coffre », dit le monarque. Ainsi, Gabriel revêtit une culotte et une veste dignes d'un roi. Il fit l'admiration de son sauveur et de la princesse tant il avait fière allure.

« S'il vous plaît, joignez-vous à nous », dit le roi.

Pendant ce temps, le Chat botté courut jusqu'à un champ, où des paysans fauchaient le blé.

Sortant les griffes et montrant les crocs, il grogna : « Quand le roi passe, dites-lui que ces champs appartiennent au marquis de Carabas ou je vous hache menu comme chair à pâté. »

Terrifiés, certains qu'un chat capable de parler pouvait faire bien pire, les hommes acceptèrent.

Le Chat botté bondit ensuite vers un groupe de bergers qui surveillaient leurs moutons. Il siffla : « Dites que ces pâturages sont la propriété du marquis de Carabas ou je vous hache menu comme chair à pâté. »

Il répéta ce petit manège auprès des bûcherons qui travaillaient dans la forêt.

En passant dans son carrosse, le roi avait un sourire jusqu'aux oreilles et murmurait à Gabriel : « Vous possédez tant, marquis de Carabas. »

Enfin, le Chat botté atteignit un magnifique château habité par un ogre féroce.

« Il paraîtrait, minauda le Chat botté, que vous pouvez prendre l'apparence d'un grand nombre d'animaux. Est-ce la vérité ?

– OUI ! » gronda l'ogre, se changeant sur-le-champ en lion. Il secoua sa crinière dorée et tenta d'attraper le Chat botté d'un méchant coup de patte.

« Magnifique ! » s'exclama le Chat botté, esquivant l'attaque. « Vraiment extraordinaire ! Mais il vous est sans doute impossible de vous transformer en un petit animal, une souris par exemple ?

– Impossible ? Regarde », grogna l'ogre. Il fut alors aisé au Chat botté de dévorer la souris. Au même moment, le carrosse royal franchissait les portes du château.

« Bienvenue au château du marquis », ronronna

le Chat botté. Il escorta cérémonieusement le roi, la princesse et Gabriel jusqu'à la salle de banquet, où un festin gargantuesque avait été dressé pour l'ogre.

« Je vous accorde la main de ma fille, marquis », déclara le roi, ébloui par toute cette magnificence.

« Avec plaisir, si tel est son désir, répondit Gabriel. Je dois cependant vous avouer que je ne suis que le fils d'un meunier et non pas un marquis... Je dois tout cela à mon chat.

– Tu es un honnête homme, concéda le roi. En tant que tel, tu mérites la main de ma fille. »

Ainsi, le meunier épousa la princesse et ils vécurent heureux jusqu'à la fin de leurs jours. Quant au Chat botté, le roi, impressionné par son intelligence, le nomma Premier ministre.

# Pourquoi la mer est salée

Autrefois, la mer n'était pas salée comme aujourd'hui. Elle était douce et sucrée. Mais alors, d'où vient le sel ? Tout a commencé par une meule magique…

La meule appartenait à un riche roi. Il suffisait qu'il eût envie de quelque chose – pièces en or sonnantes et trébuchantes, pierres précieuses ou épices rares et exotiques – et la meule s'actionnait toute seule.

Or, une nuit, un voleur entra subrepticement dans le palais et déroba la meule.

Il savait qu'il lui faudrait s'enfuir très loin pour échapper à la colère du roi. Il avait donc tout prévu.

Un navire chargé de provisions l'attendait sur la plage. Il courut à l'embarcation, sauta sur le pont et prit la mer. Au bout de quelque temps, sentant la faim arriver, il sortit de quoi manger.

« Beurk, cela manque de sel », dit-il en recrachant dès la première bouchée. « Hé, meule – un peu de sel ! »

Aussitôt, la meule s'exécuta et quelques beaux grains de sel blanc s'en échappèrent. Le voleur sala son repas, mangea de bon appétit et s'endormit.

Il avait oublié de dire à la meule de s'arrêter. Toute la nuit, elle moulut du sel. Au lever du jour, il y avait tant de sel dans le navire que, sous le poids, il s'enfonçait dans la mer. Une vague passa par-dessus

bord et vint lécher le visage du voleur, qui s'éveilla.

« Hé ho ! fit-il en s'ébrouant. Où est cette meule ? Il faut l'arrêter ! »

Il se mit fébrilement à fouiller le tas de sel – mais la meule était enfouie trop profondément. Le sel continuait de jaillir, et le navire de s'enfoncer, jusqu'à ce qu'il sombrât. Depuis ce temps, la meule repose toujours au fond de la mer et n'a cessé de produire du sel.

Quant au voleur, il n'eut pas d'autre choix que de revenir à la nage et d'affronter la colère du roi.

# Le renard et la corneille

Au plus profond de la forêt vivait un renard qui avait toujours faim. Un soir, alors qu'il vaquait à ses occupations, il huma une odeur délicieuce. Dressant les oreilles, il perçut un bruissement dans les ramures des arbres au-dessus de lui. Il leva le museau. Une corneille sautillait sur une branche ; elle tenait dans son bec un énorme morceau de fromage.

« Du fromage ? réfléchit le renard. C'est délicieux ! Trop goûteux pour une corneille. » Il s'éclaircit la voix, puis : « Bonjour, mademoiselle », glapit-il. La corneille baissa la tête.

« Ne m'en voulez pas de vous déranger ainsi, poursuivit aimablement le renard, mais je ne peux m'empêcher de vous trouver si belle. »

Il lui décocha un sourire ravageur.

« Comme c'est gentil ! » pensa-t-elle, étonnée. Elle n'avait pas l'habitude d'être remarquée, surtout par des renards.

« Vos plumes ont un tel éclat, merveilleux ! » poursuivit le renard.

« De l'éclat ? se dit-elle. Mes plumes ? »

« Magnifiques, vraiment, renchérit le renard, et cette queue qui vous fait une traîne… »

« Vraiment ? » se rengorgeait en elle-même la corneille. Pour s'en assurer, elle se retourna et faillit tomber de la branche.

« Vous êtes le plus bel oiseau sur lequel j'ai posé les yeux », déclara le renard d'un air solennel.

La corneille rougit.

« Quel dommage que vous ne sachiez pas chanter, ajouta le rusé animal. Si seulement vous aviez une belle voix… vous seriez parfaite. »

« Mais si, mais si, je chante ! » pensa la corneille, et elle arpentait la branche d'avant en arrière avec frénésie. « J'adore chanter ! »

« Oh oui ! si seulement vous chantiez ! » répéta le renard dans un soupir.

« Je vais lui montrer que je sais chanter, et tout de suite », décida la corneille.

Elle ébouriffa son plumage, se racla la gorge, ferma les yeux et ouvrit largement le bec.

Le fromage s'en échappa et tomba ; le renard le saisit entre ses mâchoires.

« Croa, croaaaaa… crailla la corneille.

– Délicieux, susurra le renard.

– Croa-hééééé ! Où est mon fromage ?

– Trouver, c'est garder, glapit le renard.

– Mais c'est MON fromage, s'offusqua la corneille. Et ma chanson ? Vous a-t-elle plu ?

– Désolé, répondit le renard. Parfois, celui qui flatte ne cherche qu'à obtenir quelque chose en retour. Tout flatteur vit aux dépens de celui qui l'écoute. »

La corneille, furieuse, sautilla sur sa branche et jura qu'elle ne parlerait plus jamais de sa vie à un renard. Quant à ce dernier, il s'éloigna nonchalamment dans la forêt avec un léger sourire, en se pourléchant les babines.

# Le prince grenouille

La plus jeune et la plus belle fille du roi aimait jouer dans les jardins du palais. Elle lançait sa balle en or et s'amusait à la rattraper. Malheureusement, un jour, la balle dévala les pelouses, puis tomba dans un étang, qui l'engloutit.

« Ma balle, sanglota-t-elle. Je l'ai perdue !

– Je la retrouverai », coassa une grenouille.

La princesse frissonna : elle n'aimait pas les grenouilles. Elle haïssait leur peau verdâtre et visqueuse. Elle détestait leurs yeux globuleux, leur large bouche et leurs lèvres fines.

Elle s'efforça pourtant de la regarder et dit : « En échange, tu auras des perles et des diamants. »

La grenouille fit non de sa vilaine tête.

« Je veux m'asseoir à ta table, manger dans ton assiette, boire dans ta coupe et dormir dans ton lit. Peux-tu me le promettre ?

– C'est promis », concéda la princesse, se forçant à sourire. Pourtant, elle pensait : « Pouah, je ne la laisserai pas m'approcher ! »

Alors la grenouille plongea dans un tourbillon de bulles, puis reparut, triomphante, en portant la balle.

La princesse la lui arracha des mains et repartit en dansant vers le palais.

« Ta promesse… » lui rappela la grenouille. La princesse se moqua : « Tu rêves. Jamais, jamais, JAMAIS ! »

Mais la grenouille, bien décidée, sautilla derrière la princesse jusqu'à la salle de réception. *Splatch,*

*splatch,* fit-elle sur les marches du grand escalier et *toc, toc,* sur la porte.

Il y eut un silence, puis elle proclama de sa voix rocailleuse : « Jeune princesse, tu m'as fait une promesse.

– Qui est-ce ? s'enquit le roi.

– Personne, vraiment, répondit la princesse. Juste l'horrible grenouille qui a retrouvé ma balle en or.

– Que lui as-tu promis ?

– De partager mon repas, chuchota la princesse.

– Une princesse tient TOUJOURS ses promesses », tonna le roi.

Avec dégoût, la princesse s'empara du bout des doigts de la grenouille et la laissa tomber sur la table. Celle-ci murmura : « Pousse ton assiette vers moi, nous pourrons manger ensemble, et passe-moi ta coupe. »

La princesse eut un haut-le-cœur.

« Je suis fatiguée, dit enfin la grenouille. Allons nous coucher. »

La princesse l'enferma dans un tiroir, puis elle se prépara pour la nuit, sans se soucier des coassements indignés. Quand elle l'en sortit, elle l'imagina sautiller partout sur ses draps fins. Alors, de colère, elle ouvrit la fenêtre et la lança sur la pelouse.

« Maintenant, tu te tiendras tranquille, horrible grenouille », cria-t-elle.

Il y eut un bruit sourd… puis plus rien.

La princesse eut honte. « Je l'ai tuée », hoqueta-t-elle en se précipitant dehors. La grenouille gisait sur le ventre, immobile.

Des larmes coulèrent des yeux de la princesse. « Je ne voulais pas que tu meures », chuchota-t-elle. Elle s'accroupit et lui donna un baiser.

Un roulement de tonnerre retentit dans la nuit, des centaines d'étoiles embrasèrent le ciel, la grenouille disparut. À sa place se tenait un prince vacillant et hébété.

« Tu m'as sauvé ! dit-il à la princesse, médusée. Une méchante sorcière m'avait jeté un mauvais sort, que seul un baiser pouvait conjurer. Ma gentille princesse, veux-tu m'épouser ?

– Je le veux », répondit-elle, et ce fut une promesse qu'elle tint cette fois avec joie quand ils furent en âge de se marier.

# Pourquoi le zèbre a des rayures

Il y a longtemps, au commencement de cette histoire, un seul zèbre existait dans tout le vaste monde. Il ne ressemblait pas aux zèbres d'aujourd'hui : sa robe n'était pas rayée de bandes noires et blanches. À part sa crinière d'un noir de jais, ce zèbre était beige.

Il vivait près d'une mare profonde avec une girafe, un éléphant et un babouin cupide.

Leur bonheur aurait été parfait si le babouin n'avait pas été un être égoïste, qui refusait catégoriquement de boire la même eau qu'eux.

« C'est à moi ! déclarait-il. Allez boire dans une autre mare », et il dansait en éclaboussant les autres et en engloutissant des litres de cette eau délicieuse.

Les autres finirent par se fâcher.

« Nous avons soif, s'offusquèrent-ils. Il y a assez d'eau pour tous.

– Je m'en fiche », répondit le babouin avec grossièreté.

Cet après-midi-là, la girafe fit une tentative.

Le babouin gronda. « VA-T'EN ! » hurla-t-il, faisant des moulinets avec ses bras et de grands bonds.

La girafe s'enfuit.

Puis l'éléphant avança de son pas lourd.

Avant qu'il pût tremper le bout de sa trompe dans l'eau, le babouin jaillit de derrière un arbre.

« VA-T'EN ! » vociféra-t-il, bondissant et se frappant la poitrine de ses poings.

Enfin, le zèbre se présenta.

« VA-T'EN ! » tonna le babouin.

Le zèbre l'ignora et avança un sabot.

« Ce n'est pas ta mare à toi, dit-il. Elle appartient à nous tous et nous devons la partager.

– Pas du tout ! répondit le babouin, et ne me dérange plus ! »

Il lui tourna le dos, en murmurant : « Je vais leur montrer à qui appartient cette mare. » Il rassembla des branchages, les entassa près de la mare et y mit le feu.

« Cela va les calmer un peu », se dit-il en observant les flammes avec satisfaction.

Le zèbre, qui n'avait pas peur du feu, s'ébroua, secoua sa belle crinière, galopa vers le babouin et lui décocha un coup de sabot.

Le babouin ainsi que les tisons furent projetés en l'air. Quand ils retombèrent, le babouin atterrit sur son derrière, au milieu du feu, et le zèbre reçut les morceaux de charbon de bois sur le dos. Depuis ce temps, le postérieur des babouins est nu et tout rouge, tandis que la robe des zèbres est rayée de noir.

# Dick Whittington

Dick Whittington, un pauvre garçon de la campagne, décida un jour de marcher jusqu'à Londres pour y faire fortune. Il avait entendu dire que les rues de la capitale étaient pavées d'or.

À son arrivée, il constata vite que les pavés n'étaient pas recouverts d'or mais de saleté.

Épuisé par son long voyage, Dick s'écroula sur le seuil d'une grande demeure, juste au moment où en sortait un homme élégamment vêtu.

« Tu m'as l'air d'avoir besoin d'un bon repas, mon garçon, dit-il gentiment. Viens, suis-moi. »

Ce gentleman était un riche marchand, du nom de monsieur Fitzwarren. Il prit Dick sous son aile et lui offrit un travail de marmiton dans sa cuisine. Le garçon travailla dur toute la journée, si bien qu'il eut le droit de dormir dans le grenier.

À peine avait-il posé la tête sur l'oreiller qu'il entendit un couinement… suivi d'un autre… et encore d'un autre… Au même moment, des souris jaillirent d'entre les lattes du plancher. « Je ne vais jamais pouvoir dormir avec tout ce bruit », pensa-t-il. Les nuits suivantes, ce fut en effet la même sarabande.

Le vendredi, monsieur Fitzwarren donna enfin à Dick ses premiers gages.

« Ouah ! Un penny ! » s'exclama Dick, au comble de la joie. Il avait une idée précise de la façon dont il allait le dépenser.

Il parcourut le marché et acheta un chat.

« À toi de jouer et de me débarrasser de ces souris tapageuses », expliqua Dick à son chat, qu'il appela Tom.

Quand les souris se manifestèrent, Tom les chassa jusqu'à la dernière. Elles disparurent sous le plancher. Dick put enfin trouver le sommeil.

Quelques jours plus tard, monsieur Fitzwarren fit venir tous les employés dans son bureau. « L'un de mes navires est sur le départ, leur annonça-t-il. Si vous avez des marchandises à vendre, c'est le moment. » Comme les souris avaient fui la maison, Dick décida de céder son chat. « J'en tirerai peut-être deux pennies », se dit-il.

Pourtant, cette nuit-là, Dick ne trouva pas le sommeil. Il s'en voulait d'avoir vendu Tom. En plus, les souris étaient vite revenues. « Qu'ai-je fait ! » soupira-t-il.

En effet, les jours suivants, en cuisine, Dick, somnolant, n'arrêtait pas de faire tomber des assiettes sur le sol. « Réveille-toi ! » hurlait le cuisinier.

Au bout d'un mois de ce traitement, Dick en eut assez. « Je retourne à la campagne », décida-t-il.

Le lendemain, au point du jour, il se faufila hors de la maison et sortit de la ville. Les cloches d'une église proche se mirent alors à carillonner. Dick aurait juré qu'elles lui soufflaient à l'oreille : *Reviens Dick Whittington, par trois fois tu seras maire de Londres.*

« Les cloches m'invitent à revenir, se dit Dick. Elles prédisent que je serai le maire de Londres, et trois fois de suite. Comme c'est étrange ! »

Néanmoins, il décida de suivre leur conseil et fit demi-tour. Quand il revint chez monsieur Fitzwarren, celui-ci l'attendait.

« Où étais-tu, mon garçon ? » s'écria-t-il, ravi de

le revoir. « J'ai de bonnes nouvelles à t'annoncer. »

Monsieur Fitzwarren fit vite entrer Dick. « Le roi de Barbarie a acheté ton chat, lui expliqua-t-il. Son palais était infesté de souris, et Tom les a toutes chassées. »

Monsieur Fitzwarren tendit alors à Dick deux sacs remplis de pièces d'or.

« Le roi t'offre cet argent en récompense », poursuivit il avec un grand sourire.

Suivant l'exemple de monsieur Fitzwarren, Dick acheta des marchandises, qu'il revendit par la suite. Il prospéra et devint l'un des hommes les plus riches de la capitale.

Mais ce n'est pas fini. Il fut également le maire le plus populaire de Londres et, par trois fois, comme l'avaient annoncé les cloches.

# Jacques et le haricot magique

Jacques et sa mère étaient si pauvres qu'un jour ils n'eurent plus rien à manger.

« Mène la vache au marché et vends-la, ordonna sa mère, au désespoir. Assure-toi d'en obtenir un prix correct.

– Ne te tracasse pas », la rassura Jacques en riant. Il mit une corde autour du cou de la vache et s'en fut.

Sur la route, il rencontra un vieil homme.

« Bonjour ! le salua celui-ci. Cette vache-là est-elle à vendre ?

– Elle l'est, si le prix est bon, répondit Jacques.

– Bien, approche-toi, dit l'homme. J'ai juste de quoi payer », et il ouvrit sa main pour montrer à Jacques cinq haricots desséchés.

« Des haricots tout secs ? s'indigna Jacques.

– Oui, mais ils sont magiques, affirma l'homme.

– Vendu ! » s'écria Jacques immédiatement. Il tendit la corde et prit les haricots.

De retour chez lui, triomphant, il montra les haricots à sa mère. Mais celle-ci, hors d'elle, les lui arracha des mains et les lança par la fenêtre.

« Mon fils est un IDIOT ! » enrageait-elle, et elle éclata en sanglots. « Croire à des fadaises, que les haricots sont magiques, quand nous n'avons plus rien ! »

Cette nuit-là, le sommeil de Jacques fut troublé par les bruits intempestifs de son estomac affamé. Le lendemain matin, il y eut un claquement contre son carreau.

C'étaient les feuilles d'un haricot géant. Les

graines avaient germé pendant la nuit et poussaient maintenant jusque dans les nuages.

Une minute plus tard, Jacques ouvrait la fenêtre et escaladait la tige du haricot. Il grimpa haut, toujours plus haut. Quand, enfin, il parvint au sommet, il aperçut, au loin, un château colossal. Il avança pas à pas sur les nuages jusqu'à une immense porte en bois.

Nerveux, il prit son élan, sauta et empoigna le cordon de la cloche, qu'il tira. Il lui fallait à tout prix trouver de quoi assouvir sa faim.

Une géante lui ouvrit. « Qui est là ? » demanda-t-elle de sa grosse voix. Elle baissa les yeux. « Un tout petit garçon ! s'étonna-t-elle.

– S'il vous plaît, auriez-vous quelque chose à manger ? demanda poliment Jacques.

– Bien sûr, répondit-elle. Tu me sembles inoffensif. Entre, je vais te nourrir. » Puis elle ajouta : « Surtout, que mon mari ne te voie pas, car il raffole de la chair humaine. »

Jacques venait à peine de terminer son petit déjeuner qu'il entendit marcher. Sous les enjambées du géant, tout le château vibrait.

« CACHE-TOI ! » cria la géante. Elle saisit Jacques et le glissa dans la théière. Au même instant, le géant entonna une chanson qui se répercuta sur les murs du château :

*Fée fi fo foum, je sens la chair fraîche.*
*Morte ou vive,*
*Ses os moulus feront une miche !*

« Du calme, mon ami », dit la géante en lui donnant une tape dans le dos. « Il n'y a personne. »

Le géant s'assit à table. Il mastiquait bruyamment et rotait vigoureusement.

« Apporte la poule ! » hurla-t-il.

Par une craquelure faite dans le couvercle de la théière, Jacques assistait à la scène. Il vit la géante poser une poule sur la table.

Alors, à son grand étonnement, chaque fois que le géant prononçait le mot « Ponds ! », la poule déposait un œuf en or.

Bientôt le géant s'endormit en ronflant si fort que toute la table vacillait.

« Maintenant », pensa Jacques. Il saisit la poule, passa en trombe la porte du château et redescendit par la tige du haricot géant.

« Nous sommes riches ! » exulta-t-il à l'adresse de sa mère qui, en écoutant le récit de son fils, n'en croyait pas ses oreilles.

La mère et le fils vécurent ainsi quelque temps sans se soucier du lendemain, puisqu'il leur suffisait de vendre un œuf en or dès que l'argent venait à manquer.

Toutefois, Jacques rêvait d'aventures. Il ne put résister à l'envie de grimper le long de la tige du haricot géant et de retourner frapper à la porte du géant. Mais, cette fois, il prit ses précautions et se déguisa afin de ne pas être reconnu par la géante.

« Personne n'a le droit d'entrer, dit-elle. Le dernier invité a volé la poule de mon époux.

– C'est terrible ! » s'indigna Jacques, cherchant à se rendre sympathique. « Je ne ferais jamais une chose pareille. S'il vous plaît, je ne vous demande qu'un peu de nourriture pour souper, après je m'en vais. »

Comme la première fois, dès qu'il entendit le chant du géant, Jacques se cacha dans la théière. « Fée fi fo foum, je sens la chair fraîche.

– Impossible, fit la géante. Pourquoi n'écouterais-tu pas ta harpe en or ? »

Chaque fois que le géant prononçait le mot « Joue ! », la harpe lançait les notes

d'une merveilleuse musique, joyeuse au début, puis douce et apaisante. Au son de la berceuse, le géant ne tarda pas à s'endormir.

« MAINTENANT », pensa Jacques, qui jaillit de la théière, s'empara de la harpe et redescendit le long de la tige du haricot géant.

« Maître ! Maître ! » sanglota la harpe. Sa plainte était si poignante que le géant se réveilla.

« Au voleur ! » hurla-t-il, en poursuivant Jacques de ses grandes jambes.

Jacques posa le pied dans son jardin, empoigna une hache et frappa de toutes ses forces sur la tige de haricot. Le géant s'écrasa sur le sol – raide mort.

À partir de ce jour, Jacques et sa mère vécurent heureux. Quant au haricot magique, il flétrit et se fana. Comme il ne produisit aucune graine, il ne repoussa plus jamais.

# Frère Lapin, Vieux Rhino et Dame Hippo

*Hop, hip, hip, hop !* Frère Lapin gambadait joyeusement sur le sommet de la colline. Soudain, il aperçut Vieux Rhino, le rhinocéros ronchon, qui prenait un bain de poussière, tandis que, du coin de l'œil, il discernait l'hippopotame, Dame Hippo, qui se vautrait avec délice dans une mare de boue.

« Ces deux-là ne m'ont jamais montré le moindre respect, se dit-il, agacé. Ce serait drôle, poursuivit-il, frétillant des moustaches, si je leur jouais un bon tour… » Il repéra alors une vieille liane sinueuse enroulée autour d'une branche et qui pendait au-dessus de lui. C'était juste ce qu'il lui fallait.

« Hé ! Vieux Rhino ridé, héla-t-il l'animal. Je parie que je te bats au tir à la corde. Tu n'as pas une chance de l'emporter. Je suis trop fort pour toi ! »

Vieux Rhino rit à gorge déployée. « Trop fort ? Espèce de demi-portion, répondit-il, donne-moi cette liane et nous verrons qui est le plus fort.

– Tu l'auras voulu… chantonna Frère Lapin. Laisse-moi aller de l'autre côté de la colline et attends que je tire sur la liane pour me défier. »

Ensuite, Frère Lapin salua Dame Hippo de la sorte : « Ne faites-vous rien d'autre que vous prélasser dans la boue toute la journée ? Je parie que je vous bats au tir à la corde. »

Ahurie, Dame Hippo balbutia dans la boue : « Comment oses-tu me parler ainsi ? Pour qui te prends-tu ! Lance-moi cette liane et nous verrons qui est le plus fort. »

Dès que Dame Hippo saisit la liane, Frère Lapin revint en bondissant vers Vieux Rhino. « Attends ! cria-t-il. Dès que je tire à un bout, tu tires de l'autre. »

Au moment où Frère Lapin se trouva à mi-chemin entre les deux adversaires, il fit vibrer la liane.

Chacun de son côté, Vieux Rhino et Dame Hippo ne doutaient pas une seconde qu'ils allaient battre aisément Frère Lapin. Ils se contentèrent de tirer négligemment sur la liane. Aucun des deux ne bougea.

« Bon, maintenant, à nous deux ! » pensa Vieux Rhino. Il tira de toutes ses forces.

« Ouah ! » fit Dame Hippo. Elle fut entraînée dans la boue. « Ho ! Hisse ! » fit-elle encore, avec une belle résistance.

Vieux Rhino et Dame Hippo s'acharnèrent, chacun à un bout de la liane. Ils tiraient, encore et encore, grognaient, soufflaient, tant et si bien que leurs flancs tremblèrent et leurs genoux faiblirent.

Assis sur le sommet de la colline, les regardant tour à tour, Frère Lapin gloussait de plaisir. Enfin, il alla ronger la liane, qui se brisa net en deux.

SPLATCH ! Dame Hippo retomba lourdement dans la boue.

POUF ! Vieux Rhino atterrit maladroitement sur le dos.

Quand Dame Hippo leva la tête, elle vit Frère Lapin qui l'observait. « La liane s'est cassée, dit-il. Est-ce que j'en apporte une autre ?

– Non, non, dit l'hippopotame en soufflant. Tu es le plus fort. Même si je me demande comment tu as fait.

– Je vous l'avais bien dit… » chantonna Frère Lapin en allant furtivement vers Vieux Rhino.

« La liane s'est cassée, dit-il. Il y en a une autre, nous pouvons recommencer.

– Je suis épuisé, dit le rhinocéros en pantelant. Tu es drôlement fort… pour un lapin… tu sais. »

À partir de ce jour, Dame Hippo et Vieux Rhino montrèrent le plus grand respect à Frère Lapin.

« Grand Frère Lapin », le saluaient-ils dès qu'ils le rencontraient. Et Frère lapin se contentait d'un signe de la tête, qu'il tenait haute, et pensait en lui-même : « Comme je suis fier et courageux, et intelligent aussi ! »

# Éros et Psyché

Psyché était la plus belle jeune fille que le monde eût connue. Mais personne, jamais, n'avait osé demander sa main.

« Elle est trop belle », murmurait-on, si bien qu'Aphrodite, la déesse de l'Amour, en fut jalouse.

« Aucun mortel ne doit être vénéré comme un dieu », enrageait-elle.

Elle ordonna à son fils, Éros, de décocher l'une de ses flèches magiques afin de la rendre amoureuse de la créature la plus laide du village.

Éros s'envola sur-le-champ en quête de Psyché. Il s'attendait à trouver une mortelle fière et hautaine. Au lieu de cela, il surprit une jeune fille charmante et insouciante. Il en tomba lui-même amoureux.

Tandis qu'il l'épiait de loin, il remarqua que les parents de Psyché surveillaient eux aussi leur fille.

« Je ne comprends pas pourquoi personne ne désire épouser notre Psyché, soupirait son père. Nous devrions peut-être invoquer les dieux pour savoir quelle conduite tenir. »

« C'est le moment de tenter ma chance », pensa Éros. Il prit une voix profonde et déclama : « Que Psyché se rende seule au sommet de la montagne la plus proche. Le vent l'emportera jusqu'à l'homme dont elle a toujours rêvé. »

Les parents de Psyché savaient qu'il n'était pas sage de désobéir aux dieux, aussi, le lendemain, ils embrassèrent Psyché et, en larmes, la regardèrent gravir le sentier de la montagne. Là, le Vent d'Ouest la souleva doucement et l'emporta au loin.

Psyché flottait avec le vent, qui la déposa au fond d'une vallée, sur une prairie couverte de fleurs.

Un palais doré se dressait devant la jeune fille. Elle s'avança jusqu'aux portes, qui s'ouvrirent d'elles-mêmes. Personne. Aucun bruit. Pourtant elle semblait attendue, car des plats fraîchement préparés apparurent sur une table et des lampes s'allumèrent mystérieusement. Elles guidèrent Psyché jusqu'à une chambre agréable ; la jeune fille se glissa sous l'édredon d'un grand lit confortable. Puis les flammes des lampes vacillèrent avant de s'éteindre.

Dorénavant seule, dans le noir, Psyché se demandait quand son mari allait paraître.

« Je suis là », souffla une voix grave. Il y avait tant de tendresse dans ces quelques mots que l'appréhension de Psyché fut vite oubliée.

« Est-ce vous qui avez préparé ce délicieux repas ? s'enquit-elle.

– Oui, reprit la voix. J'espère que tu seras heureuse dans ce palais.

– J'en suis sûre », affirma Psyché. Elle tâtonna dans l'obscurité. Leurs mains se trouvèrent et ne se lâchèrent plus.

Le lendemain matin, elle était de nouveau seule. Pourtant, la journée passa comme dans un rêve tant elle appréciait sa nouvelle demeure. Le soir venu, elle souffla sur la lampe à huile, attendant avec impatience la venue de son mari.

Il vint en effet.

Ils passèrent ensemble de nombreuses heures de félicité, apprirent à mieux se connaître et bavardèrent jusqu'aux premières lueurs de l'aube. Au matin, Psyché se réveilla seule.

Les jours s'enchaînèrent ainsi. Malgré l'étrange tournure prise par sa nouvelle vie, Psyché ne s'était jamais sentie aussi heureuse. Elle pensait toutefois souvent à sa famille.

Une nuit, elle se décida à demander à son mari : « Pourrais-je aller chez moi et rassurer les miens ?

– Non, non, s'il te plaît, implora-t-il. Ils ne comprendraient pas que tu ne connaisses pas mon visage et si tu découvres qui je suis, je devrai te quitter aussitôt.

– Je t'aime, fut la réponse de Psyché, et m'en remets à toi. »

Alors, il la confia au Vent d'Ouest. À la vue de leur fille qui irradiait de bonheur, ses parents furent submergés de joie. Ses sœurs, plus circonspectes, la harcelèrent de questions.

« Tu n'as jamais vu ton époux ? se moquèrent-elles. Il doit être bien laid, monstrueux peut-être ! »

Psyché secoua la tête. « Il est bon, gentil et aimant, le défendit-elle.

– Alors, pourquoi se cache-t-il ? Attends qu'il dorme et jette un rapide coup d'œil. Il n'en saura rien. »

Quand Psyché retourna auprès de son époux, les remarques de ses sœurs la tourmentèrent, si bien que, cette nuit-là, la curiosité l'emporta. Elle alluma la lampe à huile alors que son mari était en plein sommeil. Ce qu'elle distingua lui coupa le souffle, car son compagnon n'était autre qu'Éros, le dieu de l'Amour.

Saisie d'étonnement, Psyché laissa tomber une goutte d'huile de la lampe sur la poitrine du dieu. Il ouvrit soudain les yeux et la regarda fixement, horrifié.

« Tu as tout gâché ! » s'écria-t-il, avant de sortir précipitamment sans un mot d'explication.

À partir de cet instant, Psyché erra, misérable et pleine de regrets. Elle chercha Éros en vain. Un jour, elle parvint à un temple, qui hébergeait une statue d'Aphrodite. « S'il vous plaît, faites que je retrouve Éros, pria-t-elle. Nous nous aimons tant. »

Aphrodite, médusée, comprit ainsi que son fils vivait chez les mortels. Elle décida de les mettre tous les deux à l'épreuve.

« Tout d'abord, tu dois me prouver combien tu l'aimes », commanda-t-elle.

Aphrodite lança défi sur défi à Psyché. Sûre de son amour, la jeune fille l'emportait à chaque fois. D'abord, il lui fallut trier un énorme tas de céréales mélangées, épreuve qu'elle réussit avec l'aide de fourmis compatissantes. Ensuite, elle dut rapporter de la laine provenant de moutons à la toison d'or, mais l'herbe, dans un murmure solidaire, lui dit comment faire.

Enfin, il s'agit de récupérer la boîte contenant la beauté éternelle qui appartenait à Perséphone, la reine des Enfers. Celle-ci vivait dans le royaume souterrain, où seuls les morts avaient le droit de se rendre. Prête à se sacrifier, Psyché grimpa au sommet de la plus haute tour, quand celle-ci, prise de pitié, soupira : « Tu n'as pas besoin de te tuer. Avance au bord de ce gouffre et saute pour atteindre la rive du fleuve des Enfers. Paie Charon, le passeur, pour la traversée et jette du pain au miel à Cerbère, le monstrueux chien à trois têtes qui garde

Alors, tenant dans ses mains quelques pièces de monnaie et un peu de pain trempé dans du miel, Psyché sauta courageusement du haut de la falaise. Elle se trouva face à un tunnel qui menait au fleuve souterrain. Elle donna une obole à Charon et du pain à Cerbère, puis elle se présenta, saine et sauve, devant le trône de Perséphone.

« Tu as fait preuve d'un grand courage, dit la reine. Tu peux prendre ma boîte.

– Merci, Majesté », remercia Psyché, avant de repartir à toutes jambes vers le monde des vivants. Toutefois, un doute s'insinua dans l'esprit de la jeune fille.

« Je ne suis pas de l'étoffe dont sont faits les dieux », murmura-t-elle, en regardant la boîte qu'elle tenait. « Si je pouvais profiter d'une toute petite pincée de la beauté éternelle de Perséphone… »

Elle souleva le couvercle avec précaution.

Hélas, la boîte ne renfermait pas la beauté éternelle mais le sommeil éternel. Psyché sombra donc dans un profond sommeil. Éros apparut aussitôt et souffla sur les paupières de la jeune fille. Psyché battit des cils et ouvrit les yeux. Éros n'avait plus confiance en sa mère. Il souleva sa bien-aimée et la porta dans le ciel, à travers les nuages, jusqu'à l'Olympe, où ils se présentèrent ensemble devant Zeus, le roi des dieux.

« Aidez-nous, s'il vous plaît, demanda Éros d'un ton pressant. Psyché et moi sommes amoureux l'un de l'autre, mais ma mère désapprouve notre union, car Psyché n'est qu'une mortelle…»

Zeus sembla amusé par la supplique. « Aucune mortelle n'a le droit d'être aussi belle, confia-t-il. Mais si je rends cette jeune fille immortelle… »

Alors, le dieu tout-puissant toucha légèrement la tête de Psyché. Elle sentit que tout son être se transformait. Éros contempla amoureusement son adorable et immortelle épouse et s'écria : « Ma bien-aimée, nous ne serons plus jamais séparés et nous n'aurons plus à vivre dans le secret. »

# Le papa souris qui marie sa fille

Il était une fois un papa souris qui avait élu domicile dans un terrier douillet avec son épouse et leur fille adorée.

« Regarde, comme notre fille est grande maintenant, lui fit remarquer un jour son épouse. Il est temps de lui trouver un mari convenable. »

Le papa souris acquiesça, mais il souhaitait ce qu'il y avait de mieux pour sa fille et répondit : « Nous allons lui trouver le meilleur et le plus puissant mari du monde. »

Le lendemain matin, ils partirent tous les trois en quête d'un mari. Au bout de quelque temps, le papa souris dit : « Ah ! Voilà le meilleur des maris. »

Pleine de curiosité, la petite souris le chercha des yeux.

Le papa souris lui indiqua le Soleil.

« N'est-ce pas le plus fort et le plus puissant des maris que tu puisses imaginer ? »

La souris regarda le Soleil, puis le papa souris.

« J'aurais beaucoup trop chaud, déclara-t-elle. S'il te plaît, trouve quelqu'un d'autre.

– Ô Soleil, s'enquit le papa souris, existe-t-il quelqu'un de plus fort que vous ?

– En effet, répondit le Soleil. C'est le Nuage. Il est capable de bloquer ma lumière et ma chaleur. »

Tandis qu'il parlait, un Nuage passa devant lui et, pendant un instant, l'assombrit.

« Je comprends, réfléchit le papa souris. Alors ma fille, pourquoi n'épouserais-tu pas le Nuage ? Il semble puissant.

– C’est impossible, répondit la petite souris. Il est sombre et froid. S’il te plaît, présente-moi un meilleur mari. »

Le papa souris, cherchant à faire plaisir à sa fille, s’adressa au Nuage en ces termes : « Ô Nuage, s’il vous plaît, existe-t-il quelqu’un de plus fort que vous ?

– En effet, répondit le Nuage. C’est le Vent. Un seul souffle est capable de me repousser loin dans le ciel.

– C’est vrai », pensa le papa souris. Il se tourna alors vers sa fille : « Le Vent est encore plus fort. Tu peux peut-être l’épouser.

– Mais papa ! s'indigna-t-elle. Il est toujours par monts et par vaux. Je veux un mari sur lequel je puisse compter.

– Bien entendu, approuva le papa souris. Ô Vent, existe-t-il quelqu'un de plus fort que vous ?

– En effet, répondit le Vent. C'est la Montagne, car j'ai beau souffler de toutes mes forces, elle ne bouge ni ne tremble. »

Le papa souris battit des mains. « Voilà ! s'écria-t-il. Il faut que tu épouses la Montagne.

– Papa ! ronchonna sa fille. Je m'ennuierais trop. S'il te plaît, je veux quelqu'un d'autre.

– Pauvre de moi, murmura le papa souris, c'est plus difficile que je ne le pensais… Ô Montagne, implora-t-il. Y a-t-il quelqu'un qui soit plus fort que vous ?

– En effet, dit la Montagne. Il y a un souriceau qui creuse son terrier au bas de ma pente et je ne peux rien faire pour l'en empêcher.

– Un souriceau ? dit le papa souris, étonné.

– Un souriceau ? » couina la petite souris, ravie.

À cet instant, un souriceau au poil soyeux et aux moustaches élégantes sortit sa fine tête d'un terrier qu'il creusait dans le flanc de la Montagne. À sa vue, la petite souris battit des cils.

« Voudrais-tu de ce souriceau pour mari ? » lui demanda la maman souris.

La petite souris hocha la tête.

« Bon, s'il est plus fort que tout ce qui existe dans ce monde… » admit le papa souris.

Ainsi, le mois d'après, le papa souris maria sa fille. Ce jour-là, un invité de marque assistait à la cérémonie : le Soleil.

# Anansi et le sac de sagesse

Voici l'histoire d'Anansi, qui apporta la sagesse au monde, et elle commence avec une araignée.

Anansi était le roi des araignées. Il vivait en Afrique, au cœur de la savane, parmi ses girafes hautaines, ses zèbres amicaux et ses singes bavards.

Un après-midi, alors qu'il se prélassait au soleil, le dieu du Ciel apparut devant lui.

« Anansi, dit le dieu, j'ai un travail très important à te proposer.

– Un travail digne du roi que je suis, j'espère », rétorqua Anansi, en hochant la tête.

Le dieu lui tendit un sac et reprit, sans prêter attention à cette remarque prétentieuse :

« Il renferme toute la sagesse du monde.

– Vraiment… toute la sagesse ? l'interrogea Anansi avec enthousiasme.

– Toute, jusqu'à la plus infime parcelle, lui révéla le dieu. Je te la confie afin que tu la disperses sur le monde. Promets-moi que tu vas la partager.

– Si c'est ce que tu veux… » répondit Anansi, d'un ton indifférent.

Mais, dès que le dieu eut le dos tourné, il inspecta le sac. Il bruissait d'idées, toutes plus ingénieuses les unes que les autres. Anansi fronça les sourcils. Pourquoi partagerait-il la sagesse avec les girafes, les zèbres et les singes, ou même les humains, qu'il lui arrivait d'apercevoir dans la plaine ?

« Je vais garder le sac de sagesse pour moi tout seul, décida-t-il. Je deviendrai l'être le plus intelligent de la Terre et même le dieu du Ciel ne pourra pas me contrarier. »

Serrant fermement le sac, il se hâta vers l'arbre le plus haut de la savane.

Pour mieux se déplacer, il passa la bandoulière autour de son cou et laissa le sac pendre devant lui.

Le fils d'Anansi avait été témoin de toute la scène. Il décida de suivre son père.

« Que fais-tu papa ? lui demanda-t-il.

– Oh ! je vais juste mettre ce vieux sac à l'abri, dans l'arbre, là-haut », répondit Anansi en haussant les épaules.

Puis il essaya de grimper le long du tronc. Mais le sac, qui tapait contre son corps, le déséquilibrait et le faisait tomber par terre.

Le fils, qui venait de voir son père tomber pour la quatrième fois, suggéra : « Pourquoi ne glisses-tu donc pas le sac sur ton dos ? Il ne t'encombrera plus et tu pourras aisément atteindre le sommet. »

Anansi fit passer le sac sur son dos et recommença à grimper. Son fils avait raison.

Il se retrouva à la cime en un rien de temps. Pourtant, il ne lui en fut pas gré. Il était scandalisé.

« Comment as-tu deviné qu'il suffisait de faire passer le sac sur mon dos ? hurla-t-il. C'est moi qui porte le sac de sagesse. J'aurai dû avoir la solution. »

Il se renfrogna, arracha le sac de son dos et le lança du haut de l'arbre.

Le sac chuta lourdement et tomba au sol en s'ouvrant. Son contenu s'en échappa.

Alors, toutes les étincelles de sagesse en jaillirent et flottèrent dans l'air. Portées par les courants chauds, elles se dispersèrent aux quatre coins du monde.

Voilà pourquoi aujourd'hui nous avons tous une parcelle de sagesse en nous, mais personne ne possède toute la sagesse.

# Les musiciens de Brême

Il était une fois un âne qui avait travaillé d'arrache-pied toute sa vie. Il avait porté pour son maître, sur son dos, des sacs lourdement chargés et, jamais, jamais, il ne s'était plaint. Mais il se faisait vieux à présent et se fatiguait vite.

« Il ne me sert plus à rien, pensait son maître. Je ne vais pas nourrir une bouche inutile. »

Quand l'âne eut vent des intentions de son maître, il s'enfuit et trottina en direction de Brême.

« Je vais devenir musicien, décida-t-il. C'est une bonne vie pour un âne vieillissant. »

Sur la route, il rencontra un chien de chasse qui haletait, la langue pendante.

« D'où t'es-tu sauvé et où vas-tu donc ? lui demanda l'âne.

– Je me suis enfui de chez mon maître, répondit le chien. Il voulait me tuer parce que je ne suis plus bon à la chasse. Je suis trop vieux pour courir. Mais maintenant, je ne sais pas où aller.

– Alors, viens avec moi, proposa l'âne. Je vais devenir musicien, à Brême. Tu joueras des timbales et moi du luth. »

Cette proposition était bien tentante. Le chien suivit l'âne avec joie. Ils n'avaient pas été bien loin que déjà ils rencontraient un chat, tout dépenaillé, à l'air pitoyable.

« Qu'est-ce qu'il t'arrive ? chercha à savoir l'âne.

– Ma maîtresse a voulu me noyer, dit le chat en crachant. Je suis trop vieux pour attraper des souris et comme je préfère rester couché près du poêle, elle m'a chassé.

– Alors, viens avec nous ! proposa le chien.

– Nous allons devenir musiciens, à Brême, expliqua l'âne. Tu pourras jouer du violon. »

Le chat fut enthousiasmé par cette idée, et il se joignit à eux. Alors que la nuit tombait, ils approchèrent d'une ferme. Perché sur le portail se tenait un coq, qui chantait à tue-tête.

« Qu'est-ce qui ne va pas ? s'enquit l'âne.

– Ma maîtresse veut me manger, soupira le coq. Elle va me couper la tête et me servir au repas de dimanche.

– Ne te laisse pas faire, dit l'âne. Viens avec nous.

– Nous allons devenir musiciens, à Brême, expliqua le chien.

– Et tu pourrais être notre chanteur ! » ajouta cordialement le chat.

Les quatre animaux se remirent en route. Ils arrivèrent à une forêt, où ils décidèrent de passer la nuit, à l'abri d'un grand pin.

« J'ai froid, miaula le chat.

– J'ai faim, aboya le chien.

– Regardez, intervint le coq. Il y a une lumière. »

Les animaux se dirigèrent vers la lueur et parvinrent au seuil d'une coquette petite chaumière. L'âne s'approcha et jeta un œil par la fenêtre.

« Il y a une table chargée de victuailles ! dit-il, tout excité. Et une bande de brigands », ajouta-t-il, avec consternation.

Les animaux se regroupèrent et échafaudèrent tout bas un plan. En silence, le chien grimpa sur le dos de l'âne, le chat sauta sur le chien, le coq s'envola et se posa sur le chat et, tous ensemble, ils poussèrent leur cri. Tant et si bien que les carreaux de la fenêtre volèrent en éclats ; les animaux se ruèrent à l'intérieur.

« Sauve qui peut ! » s'écrièrent les voleurs en s'enfuyant. Alors, les quatre amis s'attablèrent et profitèrent du festin tout à loisir. Enfin repus et contents, ils éteignirent la lumière et s'endormirent.

Toutefois, les voleurs n'étaient pas allés loin. Quand ils virent la lumière s'éteindre, le chef ordonna au plus jeune : « Retournes-y et découvre qui accapare ainsi notre cachette. »

Le jeune voleur avança à pas de loup vers la chaumière, plongée dans le noir. Tout semblait tranquille. Il prit les yeux rouges du chat pour deux charbons ardents et y approcha une bougie afin de l'allumer.

« Aïe, aïe, aïe ! » couina le chat. Le poil tout hérissé, il bondit sur le voleur, qu'il griffa violemment.

Terrifié, l'intrus se précipita vers la porte d'entrée et trébucha sur le chien, qui le mordit sauvagement à la jambe.

Le voleur courut en boitant dans la cour, où il reçut une ruade de la part de l'âne, pendant que le coq lançait un terrifiant CO-CO-COCORICO !

Épouvanté, croyant sa dernière heure arrivée, l'homme détala dans la forêt. « Vite, sauvons-nous ! hurla-t-il. Une sorcière m'a griffé au visage, pendant qu'une brute me frappait avec son couteau et qu'un monstre me rouait de coups, et n'entendez-vous pas le démon crier “Cours, cours, coquin, cours !” »

Sans demander son reste, la bande de voleurs décampa et n'osa plus jamais s'aventurer dans la chaumière de la forêt. Quant aux animaux musiciens, ils s'y trouvèrent si bien qu'ils décidèrent d'y rester et de ne pas aller à Brême, après tout.

# Le roi Bec-de-Grive

Le roi se désespérait. Il était grand temps de marier sa fille, Millie. Or, celle-ci refusait tous les princes qu'il lui présentait. Son dernier prétendant, un jeune roi du nom de Marc, aurait éventuellement pu trouver grâce à ses yeux, mais elle était d'une nature trop fière pour l'avouer.

« Ta barbe en pointe ressemble à un bec de grive », se moqua-t-elle. Dès lors, le pauvre roi reçut le surnom de Bec-de-Grive.

Mais son père perdait patience. « Puisque tu es incapable de modestie et de gentillesse, dit-il, tu épouseras le premier qui viendra demain au palais ! »

Le lendemain matin, devant le palais, un mendiant jouait tant bien que mal d'un vieux violon cabossé.

« Qu'on le fasse entrer, ordonna le roi.

– Voulez-vous entendre un petit air, Votre Majesté ? » demanda le mendiant en jouant une mélodie sur son violon. Les notes, entêtantes, flottèrent dans la salle.

« Charmant, dit le roi. Mais je vous ai fait entrer parce que ma fille cherche un mari. Voulez-vous l'épouser ? »

Le mendiant observa Millie, qui le regardait avec mépris, et s'enquit : « Est-elle bonne ménagère ?

– Ménagère ? s'indigna Millie.

– Oh ! elle apprend vite, répondit le roi.

– Bon, un mendiant ne peut pas être trop exigeant, poursuivit l'homme, les yeux pétillants, et puis, j'ai besoin d'une épouse pour s'occuper de ma maison.»

Millie était horrifiée. « C'est un roturier ! s'écria-t-elle. Je ne peux pas épouser un roturier !

– Mais tu as refusé tous les princes », dit son père.

La noce fut célébrée sur-le-champ. Ensuite, le jeune couple partit pour la maison du mendiant. Ils parcoururent bois et champs, traversèrent des villes animées et passèrent devant un somptueux château.

« À qui est ce royaume ? demanda Millie.

– Au roi Bec-de-Grive, répondit son époux.

– Le roi Bec-de-Grive ? » répéta Millie, incrédule. Elle soupira. Dire qu'elle l'avait éconduit !

« Réjouis-toi ! » dit soudain le mendiant en voyant sa mine triste. « Nous sommes presque chez nous. »

Effectivement, ils étaient arrivés à un village et, à la sortie, Millie découvrit une masure sur le point de s'écrouler. « Bienvenue ! » Millie éclata en sanglots.

Le mendiant parut contrarié. « Ne pleure pas, dit-il. C'est simple, mais tu ne manqueras de rien. »

Ainsi commença la nouvelle vie de Millie. Le mendiant était gentil et attentionné, mais très pauvre. Quand elle était princesse, Millie avait des serviteurs qui s'occupaient de tout. Maintenant qu'elle était femme de mendiant, elle devait tout faire elle-même. Elle n'avait plus le temps de se montrer fière et hautaine. Tous les matins, le mendiant partait gagner quelque argent et Millie, restée seule, se consacrait aux corvées ménagères.

Au début, elle fit beaucoup d'erreurs, mais le mendiant se montra tendre et patient ; il finit par gagner son cœur.

Un jour, il revint chez eux sans avoir rien gagné et sans rien à manger. « Il nous faut gagner un peu plus d'argent », soupira-t-il.

Millie, tourmentée par la faim, hocha la tête.

Le lendemain, le mendiant revint avec de bonnes nouvelles. « Le roi Bec-de-Grive va se marier ! annonça-t-il. Il faut quelqu'un pour aider en cuisine.

– Une fille de cuisine ? » se dit Millie. Puisqu'ils n'avaient pas d'autre choix, elle se rendrait au château dès le lendemain matin.

« J'ai hâte de tout savoir sur les festivités », dit le mendiant, les yeux pétillants, en lui faisant au revoir de la main.

Millie n'avait jamais travaillé aussi durement de toute sa vie. Lorsque le repas du mariage fut enfin prêt, le chef cuisinier lui permit de remplir ses poches avec les restes et d'entrer dans la salle du trône pour observer les festivités.

Après son labeur, Millie était sale et décoiffée. Elle se cacha derrière un rideau.

Le roi Bec-de-Grive accueillait les invités. Millie ouvrit un peu le rideau pour mieux l'apercevoir.

« Qu'il est élégant ! » pensa-t-elle.

À sa grande surprise, il lui sourit et marcha vers elle. « M'accorderez-vous cette danse ? demanda-t-il.

– Moi ? s'étonna Millie. Mais je suis si négligée.

– Pas du tout », dit-il en prenant sa main.

Millie sentit le poids de tous les regards se poser sur elle. Elle tenta vivement de se libérer, et les restes de nourriture s'échappèrent de ses poches. Dans toute la salle, les invités s'esclaffèrent et rirent méchamment.

« Ne fais pas attention à eux », dit le roi d'une voix douce. Ses yeux pétillaient.

Millie fut étonnée. « Vous ressemblez à mon mari, dit-elle, vous avez la même voix que lui. »

Le roi Bec-de-Grive sourit de nouveau. « Je suis ton mari. Je suis tombé amoureux de toi dès notre première rencontre, mais tu étais alors bien trop fière, et je savais qu'il me faudrait attendre pour que tu m'avoues ton amour.

– Je t'aimais pourtant, dit Millie, et je t'aime encore.

– Je savais que le roi avait promis ta main au premier qui passerait les portes du palais, poursuivit-il. Je me suis déguisé en mendiant pour t'apprendre à respecter les autres. Me pardonneras-tu ? »

Millie rougit de honte à la pensée de toutes les choses horribles qu'elle lui avait dites. « Bien sûr que je te pardonne », dit-elle.

Peu de temps après, lorsque Millie s'assit sur le trône royal, ses cheveux avaient été joliment coiffés et elle portait une magnifique robe rose. Le roi Bec-de-Grive annonça d'une voix forte : « Votre nouvelle reine ! » Tous les invités applaudirent.

« Merci, lui chuchota humblement Millie. Je sais maintenant que l'apparence des gens ou leur titre ne comptent pas. Que tu sois mendiant ou roi, je serai comblée de vivre à tes côtés ! »

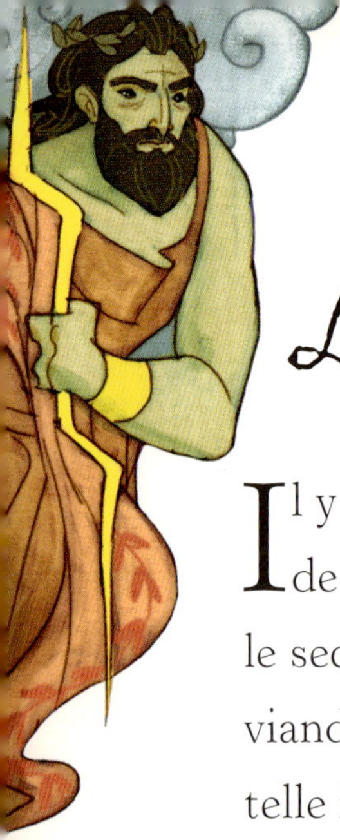

# La boîte de Pandore

Il y a de nombreuses lunes de cela, dans le monde de la Grèce antique, seuls les dieux connaissaient le secret du feu. Les mortels se nourrissaient de viande crue et grelottaient de froid. Devant une telle injustice, le titan Prométhée prit sur lui de leur dévoiler comment faire du feu.

Quand Zeus, le roi des dieux, le découvrit, il entra dans une colère terrible et se précipita chez Prométhée. « Qui t'a permis de donner le feu aux mortels ? » tonna-t-il.

Prométhée n'éprouvait aucun remords pour sa conduite. « Ils le méritent ! Vous ne remarquez même plus combien ils souffrent. Vous ne pensez qu'à faire la fête.

– C'en est assez ! » fulmina Zeus, en tirant Prométhée jusqu'au flanc d'une montagne, où il l'enchaîna à un rocher. « Tu resteras là jusqu'à ce que tu demandes pardon. »

La punition était horrible. Chaque jour, Zeus envoyait un aigle géant s'abattre sur le titan et lui déchiqueter le foie. Comme Prométhée était immortel, toutes les nuits, le foie repoussait et, tous les matins, l'aigle revenait. Malgré son éternelle agonie, Prométhée ne regrettait rien.

Dans ces conditions, la fureur de Zeus ne faiblissait pas. Il finit par tourner sa colère contre les humains. « Ils n'auraient jamais dû accepter un cadeau volé aux dieux, expliquait-il aux autres divinités. Ils méritent une punition, mais elle leur sera infligée par un des leurs. »

Alors les dieux décidèrent de sculpter une femme dans de l'argile. Aphrodite, la déesse de l'Amour, lui offrit la beauté. Athéna, la déesse du Tissage, lui confectionna une tunique élégante et Hermès, le dieu messager, lui modela un cœur empli de curiosité. Enfin, tous ensemble, ils lui insufflèrent la vie. Les yeux de la poupée d'argile clignèrent puis s'ouvrirent.

« Tu t'appelles Pandore, déclara Zeus, et tu es l'épouse d'Épiméthée, le frère de Prométhée. Pour ton mariage, je t'offre cette boîte inestimable, mais à une condition : surtout, ne l'ouvre jamais. »

Ensuite Hermès, tenant Pandore dans ses bras, s'envola et déposa la jeune femme chez Épiméthée. Ils tombèrent instantanément amoureux et se marièrent. Un soir, Épiméthée demanda à Pandore :

« Dis-moi, qu'est-ce que cette boîte que tu ne cesses de regarder ?

– C'est le cadeau de mariage de Zeus, répondit-elle, mais il m'a dit de ne pas l'ouvrir.

– Tu dois lui obéir », l'avertit Épiméthée.

Pandore fit oui de la tête, mais sa curiosité était trop forte. « Pourquoi ne pas l'ouvrir ? pensa-t-elle. Je ne fais rien de mal. Je vais seulement soulever le couvercle un petit peu, jeter un rapide coup d'œil et le refermer… »

Elle attendit que son mari sortît, puis elle saisit la boîte avec précaution. Ses doigts suivaient le contour des décorations du couvercle. Enfin, elle le souleva.

SCRRRRRAAAAAAAARRRKK !

La boîte s'ouvrit d'un seul coup. Soudain, des choses terribles, innommables, tourbillonnèrent dans la pièce. Ces choses étaient en réalité tous les maux que les humains ignoraient encore – la guerre, la maladie, la haine, la jalousie. Sous l'œil incrédule de Pandore, ils virevoltèrent et se répandirent sur le monde. Elle baissa la tête, en proie à une honte insurmontable, et remarqua alors qu'une dernière chose palpitait dans le fond, telle une merveilleuse libellule.

Cette chose, c'était l'espérance.

# Le dragon réticent

Le père d'Harold entra en trombe dans la maison. « Tu ne vas pas me croire, bégaya-t-il. Il… il… il y a un dragon dans les collines ! »

Harold en eut le souffle coupé. Il n'avait jamais vu de dragon. « À quoi ressemble-t-il ? Est-ce qu'il crache du feu ? Il est grand comment ? demanda-t-il d'une traite.

– Tout ce que je sais, c'est qu'il est énorme et terrifiant, répondit son père, encore tout tremblant. Je ne suis pas resté pour le mesurer. »

Harold décida sur-le-champ d'aller se rendre compte par lui-même. Le lendemain, il inspecta les collines. Il repéra tout de suite un petit nuage de fumée, au loin. Il le suivit et parvint à une grotte.

Là, un dragon d'un beau vert émeraude, énorme et placide, était nonchalamment assis devant l'entrée. Il n'avait pas l'air effrayant du tout.

« Bonjour ! lança Harold.

– Ah ! enfin un visage amical, dit le dragon. Je me sens bien seul dans ces collines. »

Harold passa la journée à discuter avec son nouvel ami. Le dragon lui raconta des histoires qui s'étaient déroulées il y a très longtemps, quand les dragons crachaient encore du feu et qu'ils terrorisaient toute la région. À l'époque, de preux chevaliers les combattaient pour protéger les gens.

« Me battre ne m'intéresse pas, avoua le dragon. Je préfère une vie calme et paisible. »

Harold était impatient de parler de son nouvel ami aux autres. Mais quand les villageois surent qu'un dragon vivait sur leurs terres, ils furent épouvantés.

« Nous allons tous mourir dans nos lits, dévorés par les flammes ! s'écrièrent-ils. Il faut faire appel à un tueur de dragons. »

Peu de temps après, Georges le Tueur de dragons traversa le village à cheval, en brandissant sa lance.

« Vous avez, paraît-il, besoin d'aide, dit le chevalier en s'adressant à Harold. Il y a un dangereux dragon cracheur de feu dans vos collines.

– Il n'est pas dangereux, expliqua Harold. À vrai dire, se battre l'intéresse peu. »

Harold mena Georges à la grotte du dragon.

« L'endroit me semble parfait pour un combat », conclut Georges, tandis que le dragon sortait à leur rencontre d'un pas lourd.

« Mais je ne veux pas me battre », sanglota-t-il. Il jeta un regard noir à Georges.

« Mais les villageois ne te laisseront pas en paix tant que nous n'aurons pas combattu », rétorqua Georges en polissant sa lance.

« J'ai une idée », dit Harold, un sourire plein de malice aux lèvres.

Il exposa son plan à Georges et au dragon, puis il courut vers le village.

« Demain, Georges combattra le dragon ! » annonça-t-il à tous d'une voix forte.

Les villageois applaudirent et lancèrent des hourras.

« Quand le dragon sera mort, nous ferons une grande fête pour célébrer la victoire », déclarèrent-ils.

Le lendemain matin, il y avait foule devant la grotte.

Soudain, un grondement assourdissant retentit et le dragon apparut, crachant des flammes par les naseaux.

Les villageois se mirent à trembler.

« N'ayez pas peur, Georges est là ! » les rassura le chevalier, qui lança son fidèle destrier au galop, droit sur le dragon.

La lance manqua de peu le monstre. Georges fit faire demi-tour à son cheval et chargea de nouveau. Cette fois, la bête et l'homme se heurtèrent dans un nuage de poussière. Des cris et des exhortations montèrent de la foule, mais, en réalité, personne ne pouvait voir ce qui se passait. Finalement, la poussière retomba. Georges se tenait bien droit devant la grotte, victorieux.

« J'ai vaincu le dragon, hurla-t-il.

– Tuons l'horrible bête ! lança l'un des villageois.

– Inutile, répondit Georges d'un ton ferme. Il a compris la leçon », ajouta-t-il, en faisant un clin d'œil discret au dragon. Le plan d'Harold avait marché : les villageois avaient cru assister à un vrai combat.

Non seulement le dragon n'avait pas péri, mais il fut même convié aux célébrations.

« Monte », offrit le dragon à Harold. Le petit garçon, agrippé fièrement au dos de son ami, suivit les villageois, qui se dirigeaient vers un banquet mémorable.

# La boulette de riz

Il y a longtemps, au Japon, vivait un pauvre bûcheron du nom de Miki. Il était si pauvre qu'il avait à peine de quoi se nourrir. Un matin, il ne lui resta plus qu'une poignée de grains de riz.

« Je les mangerai plus tard », décida-t-il. Alors, il en fit une boulette, l'enveloppa et partit en forêt.

Miki coupa du bois toute la matinée. À l'heure du déjeuner, il avait grand faim. Il commençait à défaire la boulette, quand…

« Oh ! non ! » gémit-il.

Elle lui glissa d'entre les doigts.

Avant d'avoir pu la récupérer, la boulette roula dans un trou. Miki se précipita à sa suite, trébucha et dégringola lui aussi.

Dans le noir, il dévala une pente et atterrit en faisant un grand boum ! Quand il leva la tête, il cligna des yeux à plusieurs reprises, car il ne pouvait pas croire ce qu'il voyait. Il se trouvait dans une grotte éclairée de plusieurs minuscules lanternes et était entouré d'une multitude de souris. Elles dansaient en rond et chantaient :

« Une boulette de riz, c'est un bonbon,

Roule, roule, que nous dégusterons. »

Dans un recoin de la grotte, d'autres souris divisaient la boulette en une multitude de bouchées pour rongeur.

« Viens partager notre festin, dirent-elles.

– Merci ! » répondit Miki tout sourire.

Bientôt, ce ne fut plus que dégustations, chants et danses. Enfin, Miki, repu et épuisé, annonça son départ.

« Merci pour le riz », crièrent les souris en guise d'au revoir. « En échange, nous avons un cadeau pour toi ». Elles lui tendirent une minuscule cuillère en or.

Miki secoua la cuillère et fut arrosé par une pluie de pièces d'or. « Ouah ! » Il la secoua encore une fois et un bol de riz fumant apparut. « Plus jamais je n'aurai faim. Plus jamais je ne serai pauvre, balbutia-t-il, émerveillé. Merci ! »

# Boucle d'or et les trois ours

Trois ours – Papa Ours, le plus gros, Maman Ours, de taille moyenne, et Petit Ours, leur ourson – vivaient paisiblement dans une chaumière située au cœur de la forêt.

Un matin, ils décidèrent de faire une promenade pour s'ouvrir l'appétit. Comme il était tôt et qu'ils n'attendaient personne, ils laissèrent leur porte ouverte. Ce fut là une grosse erreur…

Ce même matin, Boucle d'or était partie explorer la forêt. Boucle d'or était une petite fille coquine, mais surtout très curieuse. Elle devait son surnom à ses cheveux d'un blond éclatant qui encadraient joliment son visage.

« Quelle charmante chaumière ! » s'exclama-t-elle en souriant.

Elle poussa la porte d'entrée et vit trois bols de bouillie posés sur la table.

« Miam ! » murmura-t-elle avec envie en trempant une cuillère dans le plus gros des bols et en avalant goulûment la bouillie. Elle la recracha aussitôt tant elle était chaude. Elle se servit alors dans le bol de taille moyenne, mais la bouillie était froide. En fin de compte, elle essaya le plus petit des bols. Parfait, c'était délicieux, elle n'en laissa pas une goutte !

Maintenant qu'elle avait le ventre bien plein, elle décida de s'asseoir. Elle essaya d'abord le grand fauteuil, mais le coussin était trop dur. Elle se posa ensuite sur le fauteuil moyen, mais le coussin était trop mou. Elle sauta enfin dans le petit fauteuil. Parfait, il était fait pour elle, mais elle s'y laissa tomber si brutalement qu'il se cassa sous son poids.

« Oups ! » fit simplement Boucle d'or en riant. Puis elle décida de monter. À l'étage, il n'y avait qu'une chambre à coucher avec trois lits de trois tailles différentes.

Boucle d'or ne put résister aux draps blancs et soyeux qui les recouvraient. Elle bondit dans le plus grand, mais il était trop haut. Elle essaya le lit de taille moyenne. « Euh… trop bas », décida-t-elle en repoussant les draps d'un coup de pied. « Je suis sûre que le plus petit sera parfait. »

Elle s'y blottit et tomba dans un profond sommeil, si profond qu'elle n'entendit pas rentrer les trois ours.

« Qui a goûté MA bouillie ? grommela Papa Ours.

– Et la mienne ? » pleura Maman Ours. Petit Ours, lui, regardait d'un air étonné son bol vide.

« Et quelqu'un a goûté MA bouillie et a TOUT mangé ! » sanglota-t-il.

Ensuite, ils découvrirent l'état des fauteuils.

« Quelqu'un s'est assis dans MON fauteuil ! gronda Papa Ours.

– Quelqu'un s'est assis dans mon fauteuil ! » s'écria Maman Ours.

Petit Ours se mit à pleurnicher bruyamment.

« Quelqu'un s'est assis dans MON fauteuil et l'a tout cassé ! »

Ils montèrent l'escalier quatre à quatre, entrèrent dans la chambre et trouvèrent les draps sens dessus dessous sur le plancher.

« Quelqu'un a couché dans MON lit, grommela Papa Ours.

– Quelqu'un a couché dans mon lit », dit en tremblant Maman Ours.

Petit Ours s'approcha craintivement de son lit.

« Quelqu'un a couché dans MON lit et y dort encore », hurla-t-il en voyant Boucle d'or.

Boucle d'or se réveilla en sursaut. Elle sentait l'haleine chaude des ours sur sa figure ; leurs grognements, leurs frémissements et leurs cris résonnaient dans ses oreilles.

Elle se leva d'un bond, descendit l'escalier en courant, ouvrit la porte à toute volée et ne reprit sa respiration qu'une fois en sécurité dans sa maison.

Les trois ours ne la revirent plus jamais. Mais, de nos jours encore, personne ne sait si cette aventure a guéri Boucle d'or de sa curiosité.

# Lapin malin et les loups

Lapin malin était tellement occupé à brouter l'herbe verte et appétissante qu'un instant, il en oublia tout, même le danger… jusqu'à ce que l'ombre menaçante d'un loup surgît au-dessus de lui. Il regarda à gauche – peut-être pourrait-il s'échapper par là ? Non, un loup gris à l'air affamé l'attendait. Il jeta un coup d'œil à droite. Un autre loup bavait à sa vue.

Il se retourna. Ses pires craintes se confirmèrent – il était encerclé par une meute.

« L'heure du dîner », dit le chef des loups, en se pourléchant les babines.

« Attendez ! cria Lapin malin.

– Pourquoi faire ? » s'écria le chef, qui

se rapprocha. Lapin malin pouvait voir sa langue rouge pendante et ses crocs pointus qui brillaient.

Il hésita, tous les sens en éveil. Il n'allait pas se laisser dévorer, tout de même.

« Ma danse ! s'exclama-t-il. Vous ne m'avez jamais vu danser.

– Je ne veux pas te voir danser, gronda le chef des loups.

– Moi, j'aimerais bien », dit un des louveteaux.

Lapin malin se mit à taper des pieds et à chanter : « *La, la, la*… Tout le monde fait comme moi ! »

Tous les loups, emportés par la danse, tapèrent des pieds. « *La, la, la* », faisaient-ils de leur grosse voix de baryton.

« Et après ? demanda le louveteau, curieux.

– *La, la, la. Poum-ti-poum*, entonna Lapin malin. Faites un tour complet sur *poum*. »

Tous les loups tournèrent sur eux-mêmes.

« C'est trop facile », dit le chef des loups. Il mit ses pattes sur ses hanches et se lécha les babines.

« Plus vite ! » les encouragea Lapin malin, en exécutant une pirouette. « *La, la, la. Poum-ti-poum* », chanta-t-il de plus en plus vite.

Les loups tournaient et virevoltaient dans un tourbillon de fourrure. Puis ils trébuchèrent, vacillèrent et restèrent hébétés, perdus, pris de vertige.

Lapin malin, toujours fredonnant, glissait peu à peu hors du cercle.

« Où est le lapin ? grogna le chef.

– Il est parti ! s'écria le louveteau. Il a disparu derrière cette colline. »

La meute des loups était bien trop étourdie pour le pourchasser.

# La gourmandise de Chien

Chien avait toujours faim. Il rêvait de délicieuses saucisses, de tranches de bacon qui grésillaient dans la poêle et de tourtes à la viande fumantes. Il se voyait aussi attraper des oiseaux et des lapins, bien que, dans la réalité, ils lui échappassent toujours.

Un jour, alors qu'il reniflait les allées du marché, il fut attiré par un énorme os à moelle posé dans un panier, juste en dessous de l'étal du boucher. Personne ne prêtait attention à lui. Il sauta par-dessus la table,

saisit l'os entre ses mâchoires et se faufila à toute vitesse entre les jambes des badauds. Pas vu, pas pris !

Chien était fier de lui. Il frétillait de la queue tant il était heureux. Il se disait qu'il était le chien le plus malin de toute la ville ! Il galopa le long des vitrines à toute allure et se retrouva enfin à courir en pleine campagne, à travers un champ de blé. Il ne s'arrêta que devant une rivière qui lui barrait le chemin.

Il se regarda alors dans l'eau et faillit presque japper de stupéfaction. Là, en face de lui, il y avait un autre chien, et il tenait entre ses crocs un os encore plus gros que le sien.

« Ce n'est pas juste ! se dit-il, agacé. Son os est plus gros que le mien. »

Il gronda. Le chien de la rivière gronda en retour. Il grogna. Le chien de la rivière grogna comme lui. Il aboya – et splatch ! l'os tomba dans l'eau.

Chien le vit disparaître dans le courant. Il plongea, mais trop tard, il ne réussit jamais à le récupérer. Cependant, l'eau froide lui remit les idées en place, car il comprit qu'il n'y avait jamais eu d'autre chien tenant un os plus gros entre ses crocs. L'autre n'était que son reflet dans l'eau.

Pantelant et jappant misérablement, Chien se hissa sur la berge et se secoua dans tous les sens pour se sécher.

S'il avait faim avant son plongeon, il était maintenant affamé pour de bon. Il reprit le chemin de la ville, honteux, la queue basse. Car en effet… mieux vaut tenir que courir !

# Androclès et le lion

Laver, récurer, dépoussiérer, nettoyer. Toute la journée, les corvées se répétaient dans la demeure romaine extravagante de ce paresseux de Grossus. Le pauvre Androclès menait une vie éreintante d'esclave. Quand il ne faisait pas le ménage, il faisait la cuisine. Il n'avait jamais une seconde de repos…

… et tout cela pour un minuscule bout de fromage dur quotidien.

Androclès n'en pouvait plus. Il décida de s'enfuir. À minuit, il sortit de la maison sur la pointe des pieds et courut se réfugier dans la forêt voisine.

La lune projetait des ombres menaçantes à travers les branches des arbres. Un frisson parcourut le dos d'Androclès. Soudain, il entendit un hurlement qui lui glaça le sang.

« Oooouille ! »

C'était sûrement le cri d'un monstre, et il venait de derrière un buisson.

Androclès respira profondément, s'approcha et se trouva nez à nez avec… un gigantesque lion.

« Aaah ! » fit Androclès, sur le point de prendre ses jambes à son cou, mais le lion se mit à parler.

« S'il te plaît, aide-moi, gémit-il. J'ai une épine dans la patte et je ne peux pas l'enlever.

– Hum ! d'accord », compatit Androclès, peu rassuré tout de même. Il prit la patte du lion et retira l'épine aussi délicatement que possible, tout en gardant un œil inquiet sur l'animal.

« Oh ! je me sens mieux, soupira le lion. Merci. Je m'appelle Léo. »

À partir de ce jour, Androclès et Léo, qui s'étaient liés d'amitié, vécurent ensemble dans la forêt, partageant jeux et nourriture.

Un matin, alors qu'Androclès cueillait quelques baies, un soldat lui sauta dessus.

« Je te tiens ! cria-t-il. Tu dois être l'esclave qui s'est enfui de chez Grossus. »

Il jeta Androclès dans une charrette et ils roulèrent cahin-caha jusqu'à Rome. La charrette s'arrêta devant un immense édifice circulaire. Un garde gras et ventru du nom de Nicus les attendait.

« Bienvenue dans l'arène, le maigrichon ! » gloussa Nicus. Il tira Androclès hors de la charrette et le poussa à l'intérieur. Androclès se demandait ce qui allait lui arriver.

Puis il l'entraîna le long d'un corridor jusqu'à une prison crasseuse, où il le jeta dans une cellule.

« Et maintenant ? demanda Androclès, inquiet.

– Demain, tu entreras dans l'arène pour combattre, expliqua Nicus.

– Combattre ? Mais qui ? » questionna Androclès, la voix tremblante.

Nicus partit d'un grand éclat de rire. « Mais les lions mangeurs d'hommes, bien sûr ! »

Cette nuit-là, Androclès dormit peu.

Le lendemain matin, il fut extirpé de la cellule et précipité dans l'arène. Tout autour, sur les gradins, des milliers de Romains bruyants et excités vociféraient : « Le lion, le lion ! »

Brusquement, une porte s'ouvrit et une bête massive, écumante de bave, le chargea.

« Oh non ! » hurla Androclès, qui tomba à genoux, pensant que sa dernière heure était arrivée. « Il va me dévorer vivant. »

Mais, au lieu de l'attaquer, le lion lui donna un vigoureux et amical coup de langue.

« Léo ! » s'écria Androclès en reconnaissant son vieil ami. « Comment es-tu arrivé là ?

– Ils m'ont capturé peu de temps après toi, expliqua-t-il. Ils m'ont conduit ici et m'ont enfermé dans une cage avec d'autres lions. »

La foule n'en croyait pas ses yeux. « Androclès a apprivoisé le lion, hurlèrent-ils. C'est un héros ! Hourra pour Androclès ! »

L'empereur romain fut si impressionné qu'il accorda sa grâce à Androclès, et au lion. Ainsi, les deux amis repartirent dans leur forêt – en vie, heureux et enfin libres.

# Le tailleur de pierres

Il y a bien longtemps, au Japon, vivait un modeste tailleur de pierres. Tous les jours, il s'attaquait au flanc de la montagne pour fabriquer des briques et des pierres tombales.

Un après-midi, il livra quelques briques à la maison d'un riche seigneur. Il n'avait jamais vu une demeure aussi vaste. Il jeta un coup d'œil dans la chambre et s'extasia devant l'immense lit encadré de rideaux de soie avec des pompons dorés.

« Si seulement j'étais assez riche pour m'offrir un lit pareil, soupira-t-il, et ne plus casser des cailloux toute la journée à la sueur de mon front. »

Soudain, une voix sortant de nulle part se fit entendre : « Que ton vœu soit exaucé. »

Regardant autour de lui, le tailleur ne vit personne ; il n'y avait pas âme qui vive. Mais il avait entendu dire qu'un esprit de la montagne exauçait les vœux des pauvres gens.

De retour chez lui, il fut bien étonné de découvrir, à la place de sa misérable cabane en bois, un palais somptueux rempli de serviteurs affairés. Il arrêta de travailler et se mit à mener une vie de luxe.

Un jour, alors qu'il déambulait dans sa nouvelle demeure, il remarqua que le soleil avait roussi l'herbe de ses pelouses.

« Le soleil est bien plus puissant que moi, marmonna-t-il. Si seulement j'étais le soleil. »

« Que ton vœu soit exaucé », lança une voix familière.

Alors, le tailleur de pierres prit la place du soleil. Il brillait sur le sol en bas, réchauffait le monde et faisait pousser les fleurs.

Il aurait pu se contenter d'être le soleil, mais, tandis qu'un nuage passait devant lui et le cachait, il maugréa : « Ce nuage bloque mes rayons. Il est bien plus puissant que moi. Si seulement j'étais un nuage. »

« Que ton vœu soit exaucé », prononça l'esprit. Alors, le tailleur de pierres devint un nuage. Il faisait pleuvoir sur la Terre, remplissait les rivières et les lacs et donnait à l'herbe l'aspect d'un tapis de velours vert.

Emballé par ce nouveau pouvoir, il laissa tant d'eau se déverser sur la planète que les rivières débordèrent et que les champs furent inondés. Seules les hautes montagnes furent à l'abri de ce déluge.

« Si seulement j'étais une montagne », pensa-t-il.

« Que ton vœu soit exaucé », dit l'esprit, et le tailleur de pierres fut aussitôt transformé en une montagne massive. À présent, il se sentait très, très fort, et invincible.

Puis un homme se mit à donner des coups dans ses flancs rocheux.

« Hé ! hurla-t-il. Cet homme me taille en pièces et je ne peux pas me défendre. Si seulement j'étais un homme. »

« Que ton vœu soit exaucé », souffla l'esprit du haut de la montagne.

Alors, le tailleur de pierres redevint ce qu'il avait été jadis. Il se remit à fabriquer des briques et des pierres tombales. Le travail était toujours aussi éreintant, mais il avait appris à se contenter de ce que la vie lui offrait.

# Ali Baba et les quarante voleurs

Il était une fois deux frères qui vivaient dans une ville de Perse. Cassim était un riche marchand ; Ali Baba n'était qu'un pauvre bûcheron. Un jour, alors qu'Ali Baba coupait du bois en forêt, une bande de quarante voleurs, lourdement chargés de sacs d'or, arriva au galop.

Ali Baba se cacha prestement derrière un arbre et observa la scène. Il vit leur chef, Gamal, se diriger vers un rocher et l'entendit prononcer ces mots : « Sésame, ouvre-toi ! » Aussitôt une porte secrète, dissimulée dans la roche, s'ouvrit en grinçant et les voleurs s'engouffrèrent par l'ouverture avec leur or.

Lorsqu'ils ressortirent, ils avaient les mains vides. Gamal dit : « Sésame, ferme-toi ! » et la roche reprit sa place. Puis ils remontèrent à cheval et s'évanouirent dans la nature.

« Ça alors », pensa Ali Baba, et il s'écria lui aussi : « Sésame, ouvre-toi ! » La porte se dégagea de la roche et révéla une grotte pleine de trésors.

« Ils ne s'apercevront même pas qu'il y en a un peu moins », murmura Ali Baba, prenant autant d'or qu'il pouvait en porter. Il prononça la formule magique : « Sésame, ferme-toi ! » et courut à la ville.

Son épouse, émerveillée par toutes ces richesses, voulut au plus vite aller au marché faire des achats.

Ali Baba l'arrêta net. « Nous ne pouvons pas le dépenser maintenant, fit-il remarquer. Les gens vont se poser des questions et si les voleurs entendent parler de nous…

– Nous pouvons au moins évaluer le poids de tout cet or », dit la femme. Elle se rendit chez Cassim pour lui emprunter une balance.

« Pourquoi veux-tu notre balance ? s'enquit l'épouse de Cassim.

– Oh… pour peser du grain », répondit la femme d'Ali Baba. Elle prit un air innocent, mais elle éveilla les soupçons.

« Ali Baba est pauvre, se dit la femme de Cassim. Comment pourrait-il avoir du grain à peser ? » Alors, en secret, elle enduisit la balance d'un peu de beurre. « Parfait, murmura-t-elle. Ce qu'Ali Baba va peser s'y collera. »

Quand sa belle-sœur rapporta la balance, la femme de Cassim trouva bel et bien quelque chose : une pièce d'or s'était collée dessous. Triomphante, elle envoya Cassim interroger son frère, qui, incapable de mentir, lui rapporta toute l'histoire. Les yeux de Cassim s'illuminèrent de convoitise.

Dès le lendemain, incapable de résister à la tentation, il partit avec dix ânes chargés

de dix sacoches, prononça la formule magique, entra et referma la roche derrière lui.

Transporté de joie devant tous ces trésors, il remplit les sacoches de kyrielles d'étoffes en soie précieuse, de multitudes de colliers de perles et de myriades de chaînes en rubis. Plongeant les bras dans les coffres, il empoignait des améthystes, des saphirs et des diamants et les déversait dans les sacoches, qui furent bientôt prêtes à exploser.

Mais quand vint le moment de ressortir, il avait complètement oublié la formule.

« Ouvre-toi ! » cria-t-il. La porte ne bougea pas d'un iota. « Ouvre-toi, Orge ! s'égosilla-t-il, désespéré. Ouvre-toi, Blé ! Ouvre, Pois Chiche ! »

Rien à faire. Le pauvre Cassim s'était enfermé. À leur retour, les voleurs le tuèrent immédiatement, sans pitié.

La femme de Cassim, inquiète de ne pas voir son mari revenir, demanda à Ali Baba de

l'aider. Il chercha son frère partout, en vain, jusqu'à ce qu'il eût l'idée d'aller dans la grotte, où il trouva le corps sans vie de Cassim. Accablé de douleur, il le porta chez lui.

« Personne ne doit savoir comment il est mort », dit-il en guise d'avertissement à la veuve de Cassim. « Si les voleurs ont vent de cette histoire, ils sauront que nous avons découvert la grotte secrète et ils viendront nous chercher. »

Finalement, il mit Morgiane, la servante fidèle et ingénieuse de Cassim, au courant. Ensemble, ils échafaudèrent un plan.

Ce jour-là, Morgiane se rendit au marché pour acheter quelques remèdes, parlant à tout va de la maladie de Cassim.

Les jours suivants, elle confia sans retenue que son état empirait, jusqu'au moment où elle annonça partout qu'il était passé de vie à trépas. Ils purent ainsi l'enterrer comme s'il venait de mourir de sa belle mort.

Après l'enterrement, la veuve invita Ali Baba et sa famille à s'installer chez elle. « Je suis bien seule sans Cassim, dit-elle.

– Nous devons faire profil bas, expliqua Ali Baba. Les voleurs ne doivent pas savoir que nous les avons volés. Nous ne devons pas nous servir du trésor pour l'instant. »

Effectivement, les voleurs, qui ne comprenaient pas comment le corps de Cassim avait pu se volatiliser, entrèrent dans une fureur terrible. Décidés à se venger, ils fouillèrent méticuleusement la ville. « Mort à celui qui connaît le mot de passe », jurèrent-ils.

Gamal leur ordonna d'ouvrir l'œil et de patienter.

Au bout d'une quinzaine de jours, la veuve de Cassim estima que son beau-frère était inutilement précautionneux. Pour se consoler, elle alla au marché, où elle dépensa une partie du trésor de la grotte.

Or, l'un des voleurs reconnut un collier et en fit part à Gamal, qui ourdit aussitôt un plan. Il acheta trente-neuf jarres d'huile et les entassa devant la nouvelle maison d'Ali Baba. Elles renfermaient toutes un voleur, recroquevillé, sauf une, qui était remplie d'huile.

« Dès que vous m'entendrez jeter un caillou, chuchota Gamal aux voleurs, vous attaquerez. » Puis il frappa à la porte d'Ali Baba.

« Je dois vendre ce chargement d'huile demain au marché, mais je n'ai nulle part où passer la nuit et je vous serais obligé si vous pouviez m'héberger cette nuit…

– Soyez le bienvenu », offrit Ali Baba, qui ne reconnut pas Gamal déguisé en marchand.

La veuve était aux anges de recevoir un invité. Elle ordonna à Morgiane de préparer un souper copieux.

Au moment d'utiliser de l'huile, Morgiane s'aperçut qu'elle n'en avait plus. « Je suis sûre que le marchand ne verra pas d'inconvénient à ce que je lui en prenne un peu », pensa-t-elle en plongeant une tasse dans une jarre. Elle fut bien étonnée d'entendre une voix creuse sortir du récipient et demander :
« Est-ce le signal, Gamal ? »

Elle fut encore plus interdite quand, de toutes les jarres, sauf une, résonna en écho « le signal ? »

« Pas encore », répliqua-t-elle promptement en prenant une voix profonde. Elle comprit que les voleurs les avaient découverts et que le marchand était certainement leur chef. Il lui fallait agir au plus vite ou ils mourraient tous.

Elle remplit une marmite d'huile, posa le tout sur le feu, puis déversa de l'huile bouillante dans chacune des jarres. Les voleurs moururent l'un après l'autre.

Ensuite, Morgiane rentra et servit le souper. La dernière partie de son plan, la plus dangereuse, était à venir.

Après le repas, elle revêtit un costume de danseuse, fit glisser des bracelets sur ses bras, noua un voile sur ses épaules et fixa un poignard autour de sa taille.

« Voudriez-vous que je danse pour vous ? » demanda-t-elle à tous les convives.

Ali Baba et son épouse ne savaient pas quoi répondre, mais la veuve de Cassim trouva l'idée excellente. Morgiane entreprit alors de tourbillonner et de pirouetter gracieusement en levant les bras au-dessus de sa tête de plus en plus vite.

Soudain, au plus fort de sa danse, elle tira le poignard et le plongea dans le cœur de Gamal, qui mourut dans l'instant.

Ali Baba était horrifié. « Qu'as-tu fait ? s'écria-t-il.

– Regardez-le bien », dit Morgiane.

Ali Baba se reprit : « Gamal ?

– Il allait tous nous tuer, expliqua Morgiane. Les voleurs étaient dissimulés dans des jarres, dehors. »

Ali Baba et sa famille furent si reconnaissants à Morgiane de les avoir sauvés qu'ils partagèrent leur trésor avec la jeune femme.

Maintenant qu'ils pouvaient le dépenser sans crainte, ils en firent bon usage. Ils vécurent heureux pour le restant de leurs jours. Quant à la grotte et à la formule magique, le secret se transmit dans la famille de génération en génération, longtemps après que le trésor fut épuisé.

# Sire Gauvain et la dame répugnante

Le roi Arthur et ses chevaliers ont mené de nombreuses quêtes au cours desquelles ils ont sauvé des demoiselles en détresse et combattu pour la justice.

Lors de l'une de ces aventures, le roi Arthur dut libérer une dame des mains d'un redoutable baron. En voici l'histoire :

« Tu veux la libérer ? s'écria le baron. Alors réponds à cette question : qu'est-ce qu'une femme désire le plus au monde ?

– Je trouverai », promit Arthur.

Il demanda à des centaines de femmes de son royaume quel était leur plus cher désir, mais chacune avait sa propre réponse – de l'argent, des rires, de la flatterie, un chevalier vaillant – et toutes lui semblaient loin de la vérité.

Un jour, il rencontra une vieille sorcière si répugnante et si laide qu'il lui tourna le dos.

« Attends ! Je connais ta quête, chevrota-t-elle. Qu'est-ce qu'une femme désire le plus au monde ? Si tu me donnes une récompense, je te le dirai. »

Arthur lui fit face et haussa les épaules. La vieille harpie lui susurra pourtant : « Être respectée dans ses choix. »

Arthur comprit qu'elle seule lui avait confié la vérité. « Dis-moi ce que tu veux, dit-il.

– Je veux épouser un chevalier », déclara-t-elle.

Arthur était épouvanté à l'idée d'unir le destin d'un ami à un sort si funeste.

« Je l'épouserai », proposa Gauvain, le meilleur et le plus courtois de tous les chevaliers d'Arthur, quand leur conversation fut rapportée.

« Non, je ne te laisserai pas faire. Elle est vraiment répugnante », protesta Arthur. Toutefois, il avait donné sa parole à la sorcière et Gauvain ne voulait pas changer d'avis.

Mariage il y eut donc, mais personne ne fit la fête et les autres chevaliers se moquèrent de la laideur de la promise.

Cette nuit-là, dans la chambre nuptiale, la gentillesse légendaire de Gauvain faiblit. Il ne pouvait se résoudre à regarder la mariée.

« Pourquoi ? s'enquit-elle.

– Tu es vieille et laide, bégaya-t-il.

– La sagesse vient avec l'âge, rétorqua-t-elle. Ma laideur me protège de la jalousie des autres. »

Impressionné par tant de courage et d'honnêteté, Gauvain leva la tête. Quelle ne fut pas sa surprise de trouver en face de lui non pas une sorcière hideuse mais une belle jeune femme.

« Je suis Dame Ragnelle, expliqua-t-elle. J'étais la victime d'un terrible sortilège, mais puisque tu as consenti à m'épouser, le sort est à moitié rompu : je peux être belle le jour ou la nuit, mais jamais les deux à la fois. Que préfères-tu ? À toi de choisir. »

Gauvain connaissait la réponse : « Non, chère épouse, c'est à toi de choisir. Après tout, chaque femme doit être respectée dans ses choix. »

À ces mots, le sort fut complètement brisé et Gauvain eut la chance que sa femme fût aussi belle que sage, et aussi sage que brave.

Le lendemain, à la grande surprise d'Arthur, l'odieux baron se présenta au château pour s'excuser. Il s'avéra qu'il était le frère, lui aussi ensorcelé, de Dame Ragnelle. L'annulation du sort avait libéré à la fois la sœur et le frère, dont la méchanceté s'était évanouie à jamais.

# Poucette

Il était une fois une femme qui désirait plus que tout au monde avoir un enfant. Sa détresse était telle qu'elle décida d'aller trouver une fée.

La fée, qui ne supportait pas de savoir quiconque malheureux, lui dit : « Je te confie une graine magique. Plante-la et tu verras. »

La femme, bien que peu convaincue, fit ce que lui demandait la fée. Instantanément, la graine se développa et forma une fleur d'un beau rouge doré. Elle était si jolie que la femme lui donna un baiser. Quelle ne fut pas sa surprise quand les pétales s'ouvrirent sur une minuscule fillette, pas plus grosse que le pouce.

« Je t'appellerai Poucette », dit la femme en souriant. Elle lui confectionna un lit dans une coque de noix et des draps avec des pétales de rose.

Poucette eut une enfance heureuse auprès de sa mère. Malheureusement, une nuit, un crapaud laid et visqueux sauta par la fenêtre et entra dans la chambre.

« Elle sera parfaite pour mon fils ! » coassa-t-il, et il emporta Poucette, qui dormait.

Quand elle se réveilla, elle poussa de grands cris.

« Voici ton époux », dit le crapaud en désignant son fils, un jeune crapaud ventru et verruqueux.

« Mais je ne veux pas me marier à un crapaud, protesta Poucette. Laissez-moi rentrer. »

Le père et le fils ignorèrent ses protestations et la posèrent sur une feuille de nénuphar, au milieu du ruisseau, afin qu'elle ne s'échappât pas.

Poucette pleura si fort que tous les poissons approchèrent. Dès que les crapauds partirent en quête de nourriture, ils grignotèrent la tige de la plante et libérèrent la minuscule fillette.

Poucette, flottant sur l'eau, traversa des villages, des bois et des champs, qui s'étendaient à perte de vue. Un hanneton la repéra et, plongeant vers elle, la saisit entre ses mandibules.

« Regardez ce que j'ai trouvé ! » se vanta-t-il auprès de ses semblables.

« Qu'elle est laide ! lui répondirent-ils. Emporte-la bien loin.

– Je ne veux pas d'elle moi non plus, puisqu'elle est si laide », dit soudain le hanneton en la laissant tomber dans un champ.

Poucette se releva au milieu de brins d'herbe qui, pour elle, étaient aussi grands que les arbres d'une forêt. Dans une feuille, elle tressa son lit ; elle se nourrit d'un peu du nectar des fleurs et but quelques gouttes de rosée. Elle passa ainsi tout l'été, heureuse. Les hirondelles la divertissaient de leurs chants et lui tenaient compagnie.

Pourtant, quand le souffle glacial de l'hiver les poussa vers des pays plus cléments, Poucette ressentit le froid et la faim.

« Veux-tu t'abriter chez moi ? » lui offrit un mulot compatissant, qui avait vu Poucette trembler sous la neige. Son terrier était douillet ; Poucette se sentit à l'abri des morsures du froid, même s'il était aussi très sombre et que la chaleur du soleil lui manquât.

Afin de la réconforter, le mulot proposa à Poucette de rendre visite à son amie la taupe, à la fourrure de velours noir. Son terrier formait un labyrinthe de galeries si obscures que Poucette pouvait à peine y voir.

Dans un des tunnels, ils découvrirent une hirondelle. Tombée dans le trou, immobile, elle semblait sans vie.

« Morte de froid, annonça la taupe. Stupide oiseau. Elle n'a pas migré à temps pour échapper à l'hiver. »

Toute triste, Poucette mit sa joue sur la poitrine emplumée de l'oiseau. Elle se rappela combien, en été, le chant des hirondelles avait été doux à son oreille. Il lui sembla sentir un faible battement de cœur. « Elle n'est pas morte, juste engourdie par le froid », dit-elle.

Cette nuit-là, elle se glissa de nouveau vers l'hirondelle et posa sur son amie une couverture d'herbes qu'elle avait tissée.

L'oiseau ouvrit lentement les yeux.

« Je vais te garder au chaud et m'occuper de toi », promit Poucette.

En effet, tous les après-midi, la jeune fille lui apportait à boire et à manger. Au printemps, l'hirondelle avait retrouvé ses forces.

« Accompagne-moi », tridula l'oiseau sur le point de repartir. « Le soleil nous réchauffera en vol.

– J'aimerais bien, dit Poucette, mais je ne peux pas abandonner le mulot. Il a été si gentil avec moi. Il serait triste si je partais. »

Alors l'hirondelle s'envola, seule. Poucette, affligée, scruta longtemps le ciel.

L'été passa. Poucette regrettait tant de ne pas profiter du bon air extérieur. Le calme et le mutisme de la jeune fille n'échappèrent pas au mulot.

« Réjouis-toi ! dit-il. J'ai une bonne nouvelle à t'annoncer. La taupe va demander ta main. »

Poucette en resta interdite. « Mais je ne veux pas l'épouser ! »

Le mulot fut choqué. « Pourquoi pas ? Elle est riche. Elle possède un grand terrier. Que veux-tu de plus ?

– Je ne veux pas passer le reste de ma vie sous terre », dit Poucette. Puis elle essaya d'expliquer : « Le soleil et le ciel me manquent.

– Ne soit pas ingrate, la coupa le mulot. Demain, tu te maries. »

Poucette s'approcha de l'entrée du terrier dans l'espoir d'apercevoir une dernière fois un peu de ciel bleu.

Soudain, elle entendit un chant mélodieux et aperçut l'hirondelle.

« L'hiver ne tardera pas, dit l'oiseau. Je migre vers des cieux plus cléments. M'accompagneras-tu ?

– J'arrive ! » s'exclama Poucette. Elle grimpa sur le dos de l'oiseau et ils s'envolèrent. Ils survolèrent des mers léchant les rives de pays où il fait toujours chaud, où le ciel est toujours bleu et où les fleurs et les fruits parfument l'air.

Finalement, ils parvinrent à un palais où l'hirondelle avait son nid.

L'oiseau déposa Poucette au cœur d'une fleur blanche et épanouie. Poucette, stupéfaite, rencontra un minuscule jeune homme aux ailes de papillon et au front ceint d'une couronne d'or. Chaque fleur était ainsi la demeure d'un être féerique ; et celui-ci était le roi du Petit Peuple des fées.

« Qu'il est élégant », murmura Poucette à l'hirondelle. De son côté, le roi se disait qu'il n'avait jamais vu un être aussi merveilleux.

« Veux-tu être ma femme ? » proposa-t-il. Dans un sourire, elle répondit : « Oh oui ! »

En cadeau de mariage, Poucette reçut une paire d'ailes. Dorénavant, au son du doux gazouillis de son amie l'hirondelle, elle pouvait voler avec son époux de fleur en fleur.

# Le roi aux oreilles d'âne

Il était une fois un roi qui avait un secret inavouable. Ce secret était si terrible que seuls les serviteurs qui lui coupaient les cheveux étaient au courant – et ils le payaient chèrement, car le roi les envoyait en prison dès qu'ils avaient terminé.

Or, ce mois-là, ce fut le tour de Lison.

Elle raccourcit consciencieusement les cheveux devant et derrière, puis souleva la couronne pour accéder aux côtés. Ce qu'elle vit alors lui fit presque tomber les ciseaux des mains. Sur le sommet du crâne royal se dressaient des oreilles d'âne, longues et veloutées.

« Oh ! » fit Lison involontairement. Elle se reprit bien vite et continua son ouvrage comme si de rien n'était. Pourtant, quand elle eut terminé, le roi lui annonça la sentence.

« Tu vas maintenant être jetée en prison, dit-il. Personne ne doit savoir.

– Je vous en prie, ne faites pas cela. Ma mère est malade. Elle ne pourra survivre sans mon aide. »

Les pensées du roi se tournèrent alors vers sa propre mère et son cœur s'attendrit. « Promets de ne JAMAIS rien dire, ordonna-t-il sévèrement.

– Promis, répondit Lison.

– Tu peux partir, dit le roi. Mais si jamais tu parles de mon secret…

– Je n'en parlerai pas », le rassura Lison, qui se dépêcha de rentrer. Les jours suivants, elle essaya bien de continuer sa vie comme avant, mais le secret lui brûlait la langue chaque jour davantage.

« Je n'en peux plus, il faut que je me confie à quelqu'un », pensa-t-elle. Elle eut soudain une idée. « J'ai promis de ne rien dire à personne… je vais donc le dire à un arbre ! »

Lison chercha le plus grand arbre de la plus dense des forêts, puis elle posa ses lèvres contre le tronc, chuchota le secret et repartit chez elle, soulagée.

Quelques semaines passèrent. L'arbre fut abattu et transformé en harpe. Quelques mois plus tard, un concert fut donné au palais.

Les seigneurs et nobles dames s'assirent et conversèrent bruyamment, puis se turent pour écouter jouer la harpiste.

Concentrée, la musicienne pinça les cordes. Mais le son qui sortit de l'instrument n'était pas harmonieux, il faisait :

*Le roi a des oreilles d'âne !*
*Le roi a des oreilles d'âne !*

Le roi bondit sur ses pieds. « Gardes ! vociféra-t-il. Arrêtez la servante Lison. Elle a manqué à sa parole. »

Dans la foule, Lison se fit toute petite. Toutefois, le meilleur ami du roi s'avança : « Ce n'est pas un secret, Majesté, révéla-t-il. Tout le monde le sait.

– Et cela vous importe peu ? demanda le roi.

– Bien sûr que non ! »

Le roi libéra les serviteurs qui lui avaient coupé les cheveux toutes ces années et décida que... il avait fière allure avec ses oreilles d'âne !

# La petite poule rousse

À la ferme, la petite poule rousse était toujours affairée à gratter la terre et à dénicher des vers. Mais, un jour, en picorant, elle trouva une poignée de grains de blé. « Cot cot codec », fit-elle toute joyeuse en gonflant ses plumes. « Qui va m'aider à planter ces grains de blé ?

– Miaou », miaula le chat de la ferme, pelotonné sur sa botte de foin. « Pas moi.

– Crr-crr », chicota le rat avec paresse, en étendant ses pattes près du chat. « Ni moi.

– Coin-coin », cancana le canard, qui se pavanait après un bain dans la mare. « Ni moi.

– Puisque c'est ainsi, je les sèmerai toute seule », glousse la petite poule rousse.

La petite poule rousse attendit patiemment : le blé grandissait et prenait une belle couleur dorée.

Alors elle caqueta gaiement : « Qui va m'aider à couper le blé ?

– Pas moi, miaula le chat.

– Ni moi, chicota le rat.

– Ni moi, cancana le canard.

– Puisque c'est ainsi, je le couperai toute seule », glousse la petite poule rousse. Ce qu'elle fit.

Quand les épis de blé furent récoltés, la petite poule rousse caqueta encore : « Qui va m'aider à moudre le blé pour faire de la farine ?

– Pas moi, miaula le chat.

– Ni moi, chicota le rat.

– Ni moi, cancana le canard.

– Puisque c'est ainsi, je le moudrai toute seule », glousse la petite poule rousse. Ce qu'elle fit.

Elle travailla dur et eut enfin un sac entier d'une belle farine fine et blanche. Satisfaite, elle se tourna vers les autres animaux et caqueta :

« Qui va m'aider à faire du bon pain ?

– Pas moi, miaula le chat.

– Ni moi, chicota le rat.

– Ni moi, cancana le canard.

– Vraiment ? » gloussa la petite poule rousse, pas le moins du monde étonnée. « Je le ferai donc toute seule. » Ce qu'elle fit. L'odeur du pain frais ne tarda pas à envahir la cour de la ferme…

« Miam ! » firent le chat, le rat et le canard, se fiant à leur nez. « Ce pain sent délicieusement bon ! Pouvons-nous t'aider à le manger ?

– Non ! » répliqua la petite poule rousse en riant. « Je vais le manger toute seule sans en laisser une miette. » Ce qu'elle fit.

# Le pot magique

Il était une fois une petite fille qui était si pauvre qu'elle ne pouvait manger à sa faim.

Chaque jour, elle partait en forêt en quête de noix et de baies, ou de fruits et de miel. Elle partageait tout ce qu'elle trouvait avec sa famille et ses amis.

Un après-midi, elle rencontra une vieille femme.

« Je vais t'aider, lui dit celle-ci. Je t'ai observée chercher de quoi te nourrir et partager ta maigre pitance. Prends ce pot magique.

– À quoi sert-il ? demanda la petite fille.

– Quand tu auras faim, il te suffira de dire " Petit pot, cuis ". Tu verras, le pot se remplira d'une délicieuse bouillie. Pour l'arrêter, dis simplement " Petit pot, cesse ".

– Petit pot, cuis ! » répéta timidement la petite fille. Alors, à son grand étonnement, une bonne odeur de bouillie émana du pot. La bouillie faisait de gros bouillons, encore et encore, et finit par sortir du pot et glisser sur les bords.

« Petit pot, cesse », ordonna la vieille femme. Le pot s'arrêta immédiatement.

La petite fille eut un grand sourire. « Maintenant, à table ! » s'exclama-t-elle. Les deux femmes s'assirent et partagèrent une succulente bouillie, tiède à point et sucrée à merveille.

« N'oublie pas les mots magiques », lança la vieille femme en se levant. Avant de partir, elle ajouta : « Ainsi, tu n'auras plus jamais faim. »

La petite fille rentra chez elle à toutes jambes. Elle montra le pot magique à sa famille et, ce soir-là, les ventres furent bien pleins.

Tout à leur bonheur, ils ne se doutaient pas qu'un méchant garnement les épiait par la fenêtre. Il comprit parfaitement qu'il fallait prononcer une formule, il savait laquelle, et que le pot se mettrait à cuire, mais il n'en entendit pas davantage.

Quand ils furent tous endormis, il se glissa furtivement dans la chaumière et s'empara du pot. Il se précipita chez lui, posa le pot au milieu de sa chambre et cria : « Petit pot, cuis. »

Aussitôt, une bonne bouillie mijota dans le pot. Puis elle bouillonna encore plus fort et déborda et coula le long du pot.

« Arrête ! » dit le petit garçon. Le pot n'en fit rien.

La bouillie coulait maintenant à gros bouillons sur le plancher de la chambre.

Telle la lave d'un volcan, elle forma une coulée de pâte visqueuse qui s'échappa par l'escalier, puis submergea le vestibule et jaillit par la porte d'entrée.

« Arrête ! Arrête ! » hurlait le petit garçon. Le pot n'en fit rien.

La bouillie dévala la rue comme une rivière de grumeaux gluants, dans laquelle pataugeait, impuissant, le petit garçon. « Arrête ! Arrête ! » Le flot se déversait toujours, passant devant les maisons et par-dessus la colline.

« Au secours ! cria le petit garçon. Je me noie dans de la bouillie. »

La petite fille jeta un coup d'œil par la fenêtre et comprit. « Petit pot, cesse ! » s'exclama-t-elle. Le pot s'arrêta net.

Le petit garçon était sauvé, mais, pour rentrer chez lui, il dut se frayer un chemin en mangeant de la bouillie.

# Le renard et la cigogne

Renard adorait tromper son monde. Il riait beaucoup des farces qu'il faisait à Lapin et des facéties dont Belette était la victime. Mais, surtout, il raffolait jouer des tours à Cigogne. C'était un oiseau bon et honnête, qui jamais ne doutait des autres.

Quelle que soit la plaisanterie inventée par Renard, Cigogne se faisait prendre. Un après-midi, Renard trottinait dans la forêt, quand il lui vint une idée hilarante, si drôle qu'il se mit à rire tout haut. Il allait inviter Cigogne à dîner chez lui.

Ce soir-là, Cigogne lissa son beau plumage et vola en chantant jusqu'au terrier de Renard. Dès qu'il ouvrit la porte, elle fut accueillie par une délicieuse odeur de soupe à l'oignon.

«Hum ! c'est ma soupe préférée ! » claqueta-t-elle. Elle s'assit à la table, impatiente d'y goûter, se régalant à l'avance.

Renard ne put s'empêcher de rire sous cape quand il versa la soupe dans deux bols, larges et peu profonds. Il lapa avidement son dîner, pendant que Cigogne regardait fixement le sien. Il lui était impossible d'y plonger son long bec ! Elle s'y reprit à plusieurs fois, en vain, elle ne put rien avaler.

« Vous n'aimez pas ? » demanda Renard sans lui laisser le temps de répondre. « Je vais finir votre bol, puisque vous n'en voulez pas. » Il transvasa la soupe de Cigogne dans son bol et la lapa avec délectation jusqu'à la dernière goutte.

Cette nuit-là, Cigogne rentra chez elle en colère et le ventre vide. Le lendemain matin, elle n'était plus aussi affamée mais toujours très fâchée. Elle était furieuse contre Renard et ses tours pendables. Alors, elle échafauda un plan. Elle allait elle aussi l'inviter à dîner.

Cet après-midi-là, Cigogne se mit aux fourneaux et concocta une recette à base d'ingrédients les plus raffinés. Cela lui prit des heures.

« Une soupe à la citrouille et aux épices ? C'est ma préférée ! » s'enthousiasma Renard en arrivant ce soir-là. « Cela sent déjà si bon.

– Merci », dit Cigogne avec fierté.

Attablé, se passant la langue sur les babines, Renard attendait avec gourmandise, car il n'avait rien trouvé à manger de la journée. Pourtant, sa figure se décomposa bien vite.

Cigogne versait la soupe dans des vases au col long et fin, qu'elle posa sur la table. Puis elle enfonça aussitôt son bec dans un vase et se mit à boire.

Renard chercha à avaler un peu de soupe en tortillant son museau de façon à le faire rentrer dans le col, mais en vain. Il essaya d'introduire sa patte et de secouer le vase. Toujours en vain. Quelle que fût la manœuvre, elle échouait. Il ne put avaler une goutte de soupe. Finalement, il abandonna.

« Tu m'a trompé ! gronda-t-il.

– C'est vrai, reconnut Cigogne, mais c'est toi qui as commencé. »

De mauvaise humeur, la queue basse, Renard repartit dans son terrier. Il avait faim et il était humilié, car jusqu'à présent personne n'avait pu le duper. Il n'aimait pas cela, mais alors pas du tout.

« Soyez bons avec vos amis ; ils vous rendront la pareille », lui cria Cigogne tandis qu'il s'éloignait.

# Frère Lapin au fond du puits

D'ordinaire, Frère Lapin, le regard vif, les oreilles dressées, en quête d'un mauvais tour à jouer, aimait gambader de-ci de-là, mais pas aujourd'hui. Aujourd'hui, il courait à perdre haleine, les oreilles en arrière, couchées sur le dos, et le regard fixe. Il était pourchassé par son ennemi de toujours, Frère Renard.

« Attends voir que je te mette la patte dessus ! » criait Frère Renard d'un air menaçant. « Je vais te dévorer tout cru ! »

Frère Lapin accéléra. Il savait qu'il ne pourrait pas conserver cette allure longtemps. « Il faut que… je trouve… une cachette », haleta-t-il, en regardant à droite, puis à gauche.

Soudain, il aperçut un puits devant lui. « Parfait, se dit-il. Je vais me réfugier dans le seau en attendant que Frère Renard s'en aille. »

Il prit son envol et atterrit précisément au centre du seau, lequel se mit brusquement à descendre.

*Whizzzzzzzzzzzzzzzzzz* fit le seau, qui dégringolait à toute allure dans le puits noir et profond… s'arrêterait-il jamais ?

« Aaaaaaaaaah ! » cria Frère Lapin, cherchant désespérément à se rattraper aux parois. Enfin, le seau termina sa course dans un énorme

SPLAF !

Frère Lapin leva la tête. Les parois étaient abruptes et glissantes. Le ciel paraissait si loin. « Comment vais-je bien pouvoir sortir ? » se demanda-t-il.

Tout à coup, la lumière de l'entrée disparut, masquée par la tête de Frère Renard. « Ha, ha ! Je te vois ! se moqua-t-il. Tu ne m'échapperas pas…

– Je ne me cache pas », répliqua Frère Lapin, en plongeant la patte dans l'eau. « Je pêche et je m'amuse beaucoup, en bas.

– Tu pêches ? demanda, interloqué, Frère Renard.

– Hé oui ! fit Frère Lapin. Ce puits est le meilleur coin pour pêcher à des kilomètres à la ronde. J'ai déjà pris *un*, *deux*, *trois*, *quatre*, *cinq* poissons, et je ne fais que commencer. »

Frère Renard se pourlécha les babines. Il était un grand amateur de poissons.

« Descends donc, l'invita Frère Lapin, ou il n'en restera plus. »

Frère Renard se mit donc à remonter le seau, en oubliant complètement qu'il voulait manger Frère Lapin. Il songeait à tous ces poissons.

Dès qu'il arriva à la hauteur de la margelle, Frère Lapin bondit hors du seau et Frère Renard prit sa place. Il descendit tout en bas, dans le coin le plus noir et le plus profond du puits.

« Aaaaaaaaaah ! » cria Frère Renard, agrippé au bord du seau.

PLOUF ! SPLAF ! Il atterrit au fond. Splatch ! Splatch ! firent ses pattes qui frappaient l'eau en cherchant à attraper un poisson.

« Frère Lapin ! » grogna-t-il en levant la tête. « Où sont les poissons ?

– Ha, ha ! je t'ai encore eu, Frère Renard ! » dit Frère Lapin dans un grand éclat de rire. « Il n'y a pas de poisson et tu es pris au piège. »

Sur ces mots moqueurs, Frère Lapin, le regard vif, les oreilles dressées, en quête d'un mauvais tour à jouer, repartit en gambadant de-ci de-là.

Quant à Frère Renard, il ne réussit à sortir du puits qu'après un long, très long effort.

# Sindbad le marin

Sindbad le marin possédait une grande fortune. Les voyages qu'il avait faits et les aventures qu'il avait vécues l'avaient rendu riche au-delà de toute imagination… mais Sindbad n'était pas comblé pour autant. Il voulait voir le monde, découvrir par lui-même comment vivaient les autres hommes et explorer des cités et des îles.

Il se rendit au marché pour acquérir des soies et des épices dans le but d'en faire le commerce. Puis il rejoignit l'équipage d'un navire en partance.

Pendant des jours, ils naviguèrent en haute mer, faisant escale d'île en île pour vendre leurs marchandises. Un jour, ils jetèrent l'ancre près d'une île couverte d'arbres fruitiers. Sindbad mit pied à terre et s'assoupit sous un arbre.

À son réveil, le navire était déjà loin, en mer. « À L'AIDE ! s'époumona-t-il. AU SECOURS ! » Personne ne l'entendit.

Sindbad grimpa au sommet d'un arbre. Si, d'un côté, la mer était son seul horizon, de l'autre, s'étendait l'île déserte – pas si déserte, car il aperçut un œuf blanc, énorme, posé sur le sol.

Sindbad descendit de l'arbre et se glissa jusqu'à l'œuf. Alors qu'il l'examinait, le soleil fut brusquement obscurci par un oiseau aussi gros qu'un nuage.

« Un roc ! » réalisa Sindbad, qui se souvenait des histoires terrifiantes contées par des matelots au sujet d'un oiseau monstrueux.

Le roc s'approcha pour couver son œuf ; Sindbad comprit qu'il avait une chance de s'enfuir de l'île. Il déroula le turban posé sur sa tête et l'attacha à la patte de l'oiseau. « Il m'emportera avec lui quand il s'envolera ! » espérait Sindbad.

À l'aube, le roc se redressa et battit de ses immenses ailes. Puis il s'envola et monta si haut dans le ciel que Sindbab n'apercevait même plus la Terre. Il s'agrippa de toutes ses forces et ferma les yeux. Enfin, il y eut une secousse, et il sentit le sol sous ses pieds.

Sindbad délia prestement le turban, juste à temps pour voir l'oiseau saisir un serpent terrifiant dans son bec et s'envoler.

Sindbad gémit en regardant autour de lui. Il était encore plus mal loti que précédemment. Il se trouvait coincé dans une vallée profonde, environnée de toutes parts de montagnes aux flancs abrupts. Des carcasses de moutons jonchaient le sol et, pire que tout, des serpents rampaient vers lui. Ils étaient gigantesques et auraient pu avaler un éléphant.

Les reptiles glissaient sur des diamants étincelants, éparpillés sur le sol gris.

Sindbad prit plusieurs poignées de pierres précieuses, qu'il glissa dans sa poche. Il se demandait comment il allait s'enfuir.

D'autres oiseaux rocs décrivaient des cercles au-dessus de sa tête. De temps en temps, l'un d'eux descendait en piqué et prenait dans ses serres un mouton mort.

« Ah ! » fit Sindbad. Déroulant une fois encore son turban, il s'attacha à une carcasse et attendit. Son attente fut de courte durée. Bientôt, un roc s'abattit… et il s'envola, traînant Sindbad derrière lui.

Tandis que l'oiseau passait la corniche, un groupe d'hommes arriva précipitamment. Ils agitèrent les bras et forcèrent le roc à abandonner le mouton. Sindbad défit ses liens, se précipita sur le côté et observa leur manège avec curiosité.

« Que faites-vous ? les interrogea-t-il.

– Nous jetons des moutons du haut des falaises de sorte qu'ils s'écrasent sur les diamants. Puis nous attendons que les rocs les remontent vers nous. Nous pouvons ainsi récupérer les diamants accrochés aux toisons.

– Mais toi, comment es-tu donc arrivé jusqu'ici ? demanda soudain l'un des hommes à Sindbad. Ne nous dis pas que tu viens de la vallée aux Serpents.

– C'est une longue histoire, dit Sindbad. Mais j'ai quelques diamants… » Il sortit les pierres précieuses de sa poche. « Pour payer mon passage et mon retour chez moi ? »

Ébahis, les hommes acceptèrent. Pendant le voyage, ils prièrent Sindbad de partager avec eux le récit de ses aventures – et de son évasion.

# Le chevrotain et le tigre

Le chevrotain n'était pas bien gros, mais il était rusé. Il vivait dans la jungle. Une jungle où le danger se présentait sous la forme de tigres, de cobras, de crocodiles et de léopards – qui tous voulaient le croquer.

Un matin, au moment où le chevrotain buvait l'eau de la rivière, un *GRRR* féroce se fit entendre.

« Le tigre ! bredouilla-t-il.

– Mon petit déjeuner ! rugit le tigre.

– Je suis désolé, mais ce n'est pas possible », répondit le chevrotain en réfléchissant vite. « Je dois garder le gâteau au chocolat du roi.

– Le gâteau au chocolat du roi ? répéta le tigre.

– Oui, dit le chevrotain, en désignant un tas de boue. Il est plus sucré que du nectar et plus exquis que le plus frais des fruits. Mais personne ne doit s'en approcher.

– Je ne peux même pas le goûter, rien qu'un tout petit peu ? pria le tigre.

– Oh non ! objecta le chevrotain. Le roi serait furieux.

– Oh ! s'il te plaîîîîîîîît, ronronna le tigre.

– Bon, puisque tu insistes, consentit le chevrotain. Mais, d'abord, laisse-moi m'enfuir, que je fasse semblant d'avoir eu peur. » Sur ce, le chevrotain prit ses pattes à son cou et s'enfonça loin, bien loin dans la jungle.

Le tigre ferma les yeux et planta ses crocs dans une grosse part de gâteau.

« Pouah ! Beurk ! » s'exclama-t-il en s'étouffant avec la boue. « Tu m'as berné, mais la prochaine fois, je te mangerai au déjeuner. »

Le tigre passa la matinée à arpenter la jungle en tous sens à la recherche du chevrotain. Finalement, il le trouva en train de grignoter quelques feuilles.

« Le tigre ! bredouilla le chevrotain.

– Mon déjeuner ! rugit le tigre.

– Je suis désolé, mais ce n'est pas possible. Je garde la ceinture du roi.

– La ceinture du roi ? » demanda le tigre.

Le chevrotain indiqua une belle boucle brillante qui pendait de la branche d'un arbre.

« C'est la plus belle ceinture du monde, se rengorgea le chevrotain. Personne d'autre n'a le droit de la porter.

– Je ne peux même pas l'essayer, juste un tout petit moment ? implora le tigre.

– Oh non ! répliqua le chevrotain. Le roi serait furieux.

– Oh ! s'il te plaîîîîîîîît, ronronna le tigre.

– Bon, puisque tu insistes, accepta le chevrotain. Mais, d'abord, laisse-moi m'enfuir, que je fasse semblant d'avoir eu peur. » Sur ce, le chevrotain déguerpit et disparut au fin fond de la jungle.

Le tigre enroula la ceinture autour de ses flancs, en serrant bien.

La ceinture se mit alors à siffler et à se resserrer encore davantage autour du corps du tigre.

« Un serpent ! » hurla le tigre, cherchant désespérément à se libérer.

« Attends que je t'attrape, cria-t-il au chevrotain. Tu m'as dupé une fois, tu m'as dupé deux fois, mais la prochaine fois, je te mangerai au dîner ! »

Tout l'après-midi, le tigre déambula dans la jungle en quête du chevrotain. Au soir, il le découvrit, dissimulé dans l'obscurité la plus totale, derrière un grand arbre.

« Le tigre ! bredouilla le chevrotain.

– Mon dîner ! rugit le tigre.

– Je suis désolé, tu ne peux pas me manger, car je garde le tambour du roi.

– Le tambour du roi ? » interrogea le tigre.

Le chevrotain désigna une forme noire suspendue à une branche.

« Il a le plus beau son de toute la jungle, confia le chevrotain. Personne d'autre n'a le droit de le toucher.

– Je ne peux même pas en jouer, tout doucement ? supplia le tigre.

– Oh non ! refusa le chevrotain. Le roi serait furieux.

– Oh ! s'il te plaîîîîîîîît, ronronna le tigre.

– Bon, puisque tu insistes, permit le chevrotain. Mais, d'abord, laisse-moi m'enfuir, que je fasse semblant d'avoir eu peur. » Cette fois, le chevrotain courut sans s'arrêter.

Le tigre leva la patte et donna un coup ferme sur le tambour. L'instrument se mit à bourdonner. C'était un nid de guêpes. Les insectes en sortirent, en furie, et l'essaim enveloppa le tigre. Puis il le piqua.

« Aaah ! Aïe ! Ouh ! Grrr ! » fit le tigre, qui se tordait de douleur. Il se précipita vers la rivière pour se protéger.

Il plongea la tête la première et n'en ressortit que lorsque tout l'essaim eut disparu. « Tu as gagné, chevrotain ! rugit-il dans la nuit. Ma bouche est pleine de boue, mon estomac a été mordu par un serpent et mes pattes ont été piquées par des guêpes. Je le jure, plus jamais je n'essaierai de te dévorer. »

Retiré dans la partie la plus impénétrable de la jungle, le chevrotain écoutait le tigre, et il souriait.

# L'apprenti sorcier

Autrefois, un vieux sorcier tout ratatiné avait un jeune et naïf garçon pour apprenti. Un jour, le sorcier annonça qu'il devait se rendre en ville. Pour la première fois, il laissa la garde de son atelier de magie à son apprenti. Les yeux brillants, le jeune garçon écouta les conseils que lui prodiguait son maître d'un air sévère.

« Je vais sortir, dit le vieil homme. Remplis le baquet d'eau – il est presque vide et récure le sol de l'atelier. Que tout soit fait à mon retour.

– Oui monsieur », répondit poliment l'apprenti, mais son regard pétillait de malice.

Enfin seul, l'apprenti jeta un coup d'œil autour de lui dans l'atelier. Le baquet était gigantesque et le seau minuscule. Le remplir allait prendre des heures, à moins… à moins… d'utiliser la magie de son maître.

Il repéra un balai laissé dans un coin ; aussitôt, les paroles d'une des formules magiques du sorcier passèrent ses lèvres :

*Branches et racines du chêne centenaire*
*Animez ce balai, qu'il fasse mes affaires.*

Instantanément, le balai tressauta, tremblota, trépida et trépigna. Deux bras maigrelets et deux jambes décharnées lui poussèrent.

L'apprenti riait et, transporté de joie, tapait des mains.

« Maintenant, balai, prends ce seau et va puiser de l'eau », commanda-t-il.

Sans hésitation, le balai s'exécuta. Il courut à la rivière, remplit le seau, revint à l'atelier et versa l'eau dans le baquet. Aussi rapide que l'éclair, il recommença, allant et venant continuellement, jamais fatigué, sans jamais ralentir.

En un clin d'œil, le baquet fut plein.

« Parfait ! dit l'apprenti. Tu peux t'arrêter, maintenant, il y a assez d'eau. »

Le balai ne fit pas attention à lui. Remplissant son seau, le déversant, recommençant, il s'affairait, indifférent au baquet, qui menaçait de déborder.

« C'est assez ! » cria l'apprenti, mais le balai continuait. Un autre seau, et le baquet déborda.

« Veux-tu bien arrêter ? implora l'apprenti. Mais quelle est la formule pour mettre fin à la magie ? »

La formule ! Il ne s'en souvenait pas du tout. Sans elle, le balai, infatigable, ne s'interromprait jamais. L'eau se répandait maintenant partout dans l'atelier.

Désespéré, l'apprenti empoigna une des haches du sorcier, la souleva au-dessus de sa tête, attendit la venue du balai et l'abattit.

CRAAAC !

Le balai fut coupé en deux.

Hélas, le problème ne fut pas résolu pour autant, mais multiplié par deux. Bras et jambes jaillirent sur les moitiés du balai, doublant l'efficacité du travail : puiser, transporter, déverser deux fois la quantité d'eau dans le baquet.

Des vagues se formaient sur le sol de l'atelier, léchant les genoux de l'apprenti, puis, bientôt, la taille, la poitrine…

« MAÎTRE ! hurla-t-il, paniqué. AU SECOURS ! »

La porte s'ouvrit brusquement sur le sorcier, qui appréhenda aussitôt l'ampleur du désastre. Il leva calmement sa baguette et récita :

*Balai, retourne dans ton coin,*
*Balai, reprends ton apparence,*
*Écoute ton maître, retourne dans ton coin.*
*Attends mes ordres pour reprendre ta cadence.*

# Casse-Noisette

C'était la veille de Noël et Clara était trop excitée pour dormir. Toute la famille réveillonnait. Son parrain avait déjà déposé son cadeau sous le sapin ; ce qu'il lui offrait était toujours merveilleux.

En silence, elle se glissa hors du lit et descendit l'escalier… « Un tout petit coup d'œil », se dit-elle, sûre qu'il n'y avait aucun mal à déchirer un bout du papier d'emballage pour satisfaire sa curiosité. Elle découvrit un pantin en bois, habillé en soldat, qui servait de casse-noisette. Soudain, Clara sentit une si grande fatigue l'envahir qu'elle dut se coucher sous le sapin. Elle tomba instantanément dans un profond sommeil. À son réveil, l'arbre était immense. « Oh ! Est-ce que j'ai rapetissé ? » s'étonna-t-elle, effarouchée.

Elle sauta bien vite sur ses pieds. Une voix amicale la salua en ces termes : « Bonjour, n'aie pas peur. Je suis le prince Casse-Noisette et je vais te protéger. »

Clara resta bouche bée. Son pantin était vivant !

« Ne panique pas, mais les souris envisagent de t'enlever », reprit le prince. Il souffla dans un sifflet et des soldats de plomb, en ordre de bataille, défilèrent devant eux. Au même moment, des souris maléfiques, conduites par le roi des Souris, jaillirent des ténèbres et se précipitèrent sur eux.

« Feu ! » ordonna le prince. Les soldats chargèrent les canons miniatures de morceaux de fromage et tirèrent sur les souris. Plusieurs d'entre elles se jetèrent sur le fromage, abandonnant ainsi le combat.

« C'est tout ce que tu sais faire ? railla le roi des Souris. Cède-moi la fille.

– Jamais ! » dit le prince.

Il s'ensuivit une bataille enragée. Désespérée, Clara lança sa pantoufle sur le museau du roi. Il tomba, assommé et raide mort. Le prince se précipita vers la jeune fille.

« Beau lancer ! dit-il en riant. Viens, allons célébrer la victoire. »

Ils sautèrent dans un traîneau en or tiré par des rennes et s'envolèrent dans la nuit constellée de flocons de neige.

Les étoiles tournoyaient sur leur passage tandis qu'ils s'élevaient à travers le ciel. Finalement, ils se posèrent près du palais, scintillant et givré, de la Reine des glaces.

« Bienvenue », dit-elle. Elle les conduisit à la salle de bal, où des ballerines en tutus blanc et argent exécutèrent devant Clara, éblouie, les pas de danse les plus merveilleux qu'elle eût jamais vus.

Mais, déjà, le prince tourbillonnait avec elle, l'entraînant au loin. « Au pays des Friandises ! » s'écria-t-il.

Clara, tout sourire, était entourée de montagnes en chocolat décorées de roses en sucre et d'arbres couverts de guimauves. Une fée, vêtue de rose de la tête aux pieds, dansait sur le seuil d'un château en pain d'épices. Elle les embrassa tous les deux.

« Je suis la fée Dragée. Joignez-vous à nous. »

Ravie, Clara observa une princesse arabe se déhanchant sur de la musique douce, un couple de danseurs espagnols virevoltant au claquement des castagnettes et des danseurs chinois sautant avec agilité.

Puis le moment du final arriva. Il fut grandiose. Des ballerines, revêtues d'un costume de fleur, pirouettèrent avec grâce.

« Il est l'heure de partir », dit alors le prince.

À contrecœur, Clara revint au traîneau et s'endormit sur l'épaule du prince.

À son réveil, elle était couchée sous le sapin, dans sa propre maison, et avait retrouvé sa taille normale. Elle tenait dans sa main le présent de son parrain – un pantin servant de casse-noisette. Le prince avait disparu.

« J'ai rêvé, murmura-t-elle. C'était le plus beau des rêves qu'il soit possible de faire. Jamais je ne l'oublierai. Jamais, jamais, jamais. »

Alors… son imagination lui joua-t-elle un tour, ou son pantin lui adressa-t-il un clin d'œil amical ?

# Le roi-ours blanc

Bien loin, dans l'extrême Nord recouvert de neige toute l'année, vivait une famille de pauvres gens qui habitaient une petite masure en pierre. Pour se réchauffer, ils se blottissaient devant la cheminée. Dehors, le vent sifflait sauvagement.

Un jour, un coup retentit à la porte.

« Qui peut bien être dehors par une telle nuit ? » se demanda le père en ouvrant.

Un ours blanc, gigantesque, debout sur ses puissantes pattes arrière, se tenait devant lui.

Comme le père, sous le choc, restait muet, l'ours dit :

« Je ne te veux aucun mal. Je viens demander la main de ta plus jeune fille. Je sais que tu es pauvre. En échange, je te ferai riche et je te promets de la protéger.

– Non, refusa le père. Je ne la laisserai pas partir. Elle m'est plus précieuse que toutes les richesses du monde. »

Mais la plus jeune fille s'avança. « Laisse-moi aller avec lui, pria-t-elle. Nos habits ne sont que des haillons ; nous n'avons pas de quoi manger. Au moins, vous survivrez à l'hiver. »

L'ours se mit à quatre pattes ; la jeune fille n'attendit pas la réaction de ses parents et se hissa sur son dos. « Accroche-toi à ma fourrure », lui recommanda-t-il, avant de s'élancer dans la nuit constellée d'étoiles.

Ils traversèrent des landes, des rivières et des forêts touffues. Enfin, ils parvinrent à une montagne escarpée. Au pied de la falaise, dissimulée parmi les rochers, se trouvait une porte. L'ours frappa trois coups ; la porte s'ouvrit sur un palais mystérieux, resplendissant d'or.

« Voici une clochette en argent », dit l'Ours lorsqu'ils furent à l'intérieur. « Sonne si tu désires quelque chose. »

La jeune fille fit tinter la clochette. Aussitôt, elle fut transportée dans une chambre splendide, parée de soieries somptueuses. Trop fatiguée pour réfléchir, elle s'allongea et s'endormit.

Des mois passèrent, la jeune fille ne manquait de rien. Elle disposait de tous les mets et de toutes les tenues qu'elle désirait. Dans la journée, elle pouvait se promener à sa guise dans le palais. Pourtant, telle une faim inassouvie, la solitude la tenaillait. Elle voyait rarement l'ours. Quand ils se retrouvaient, l'animal, les yeux brillants de secrets bien gardés, posait sa lourde tête sur les genoux de sa femme ; celle-ci avait alors le droit de caresser sa douce fourrure.

Une nuit, dans l'obscurité, elle crut voir un homme qui traînait une peau d'ours. « Est-ce l'ours transformé en homme ? » se demanda-t-elle. Elle ne put résister et interrogea l'animal. Il répondit : « Ne me pose pas cette question. Sois heureuse de ce que nous avons. »

« Je dois savoir », s'obstina malgré tout la jeune fille. Cette nuit-là, à la lueur d'une bougie, elle chercha l'homme dans tout le château et le trouva endormi dans une des hautes tourelles. Elle se pencha sur lui et ne put retenir un mouvement de joie à la vue de son beau visage. Mais la lumière vacilla et une goutte de cire chaude tomba sur l'épaule du dormeur. Il s'éveilla et s'écria : « Qu'as-tu fait ? Je suis un roi ensorcelé par la reine des Trolls – ours le jour, homme la nuit. »

Il soupira et reprit : « Le sort aurait été rompu si tu m'avais aimé une année entière sans voir mon visage humain. Maintenant, je dois retourner chez la reine des Trolls et l'épouser. Elle vit dans un château qui se trouve à l'est du soleil et à l'ouest de la lune. »

À mesure qu'il parlait, le palais tremblait et s'effondrait autour d'eux. Puis la jeune fille sentit le sol rocailleux sous ses pieds. Le roi avait disparu.

« Je te retrouverai, jura-t-elle. J'irai tout au nord, là où vivent les trolls. »

Le voyage fut long et harassant. « Aidez-moi ! supplia-t-elle le Vent d'Est. Je dois aller au château qui est à l'est du soleil et à l'ouest de la lune.

– Je n'ai jamais soufflé si loin, répondit le Vent d'Est. Je vais te conduire chez mon frère, le Vent d'Ouest, car il est bien plus fort que moi. »

Ils voyagèrent longtemps. À leur arrivée dans le pays du Vent d'Ouest, celui-ci n'en savait pas davantage, et il ne put rien faire.

« Je n'ai jamais soufflé si loin, dit-il. Je vais te conduire chez mon frère, le Vent du Sud. »

Il souleva la jeune fille, la posa sur sa tête et s'envola au pays du Vent du Sud.

« Seul le Vent du Nord connaît le chemin, expliqua le Vent du Sud, car il est le plus âgé et le plus fort d'entre nous. C'est lui qui va te conduire. »

Le souffle glacial du Vent du Nord parvint jusqu'à la jeune fille, et il l'emporta sur son dos. Pendant des jours entiers, son hurlement enragé balaya l'écume des mers et les vagues des océans. La jeune fille était transie, mais elle tenait bon.

Enfin, ils arrivèrent au château de la reine des Trolls. « Je dois me reposer », dit le Vent du Nord, exténué, à bout de souffle. « Bonne chance, mon enfant. »

À l'intérieur du château, des trolls, très agités, couraient partout et s'affairaient pour le mariage.

« Puisqu'il n'est pas encore marié, j'ai un peu de temps », murmura la jeune fille. Se dissimulant dans les ombres, elle partit en quête du roi. Quand elle le retrouva, il était profondément endormi dans la plus haute tour du château.

Doucement, la jeune fille le secoua et l'appela par son nom. En vain. Au désespoir, elle prit une bougie dans un bougeoir fixé au mur, la souleva au-dessus du roi et laissa une goutte de cire chaude tomber sur l'épaule du dormeur. Il s'éveilla ; le sort venait d'être rompu.

« Tu m'as retrouvé », dit-il, un grand sourire éclairant son visage. « Il est encore temps. »

Ils s'enfuirent ensemble du château, courant main dans la main devant les gardes. Quand ils arrivèrent sur la rive glacée, ils découvrirent un bateau qui se balançait sur l'eau. Ils embarquèrent prestement. Alors le Vent du Nord souffla dans la voile pour les reconduire chez eux.

En sortant du bateau, la jeune fille se tourna vers le Vent et lui demanda : « Pourquoi toi et tes frères m'avez-vous aidée ?

– On nous a parlé de toi, et nous t'attendions. Car tu es la jeune fille qui, par amour, est allée jusqu'au bout du bout du monde. »

# L'oie aux plumes d'or

Il était une fois un bûcheron, sa femme et leurs trois fils. Le benjamin était surnommé Bêta, car tous, même sa famille, pensaient qu'il n'était pas très malin.

Un matin, le bûcheron ne se sentit pas très bien. Il envoya son aîné couper du bois à sa place.

« Voilà ton déjeuner », dit la mère, en emballant une tourte fraîche.

Le fils avait débité quantité de bois quand, à midi, un petit vieillard apparut.

« As-tu à manger pour moi ? demanda-t-il.

– Non, il ne me restera rien », répondit le garçon en avalant goulûment toute la délicieuse tourte.

Il se remit à couper du bois, mais il s'entailla le bras et dut s'arrêter.

Le lendemain, ce fut au tour du cadet de se rendre en forêt couper du bois. Le petit vieillard réclama son dû.

« Si je t'en donne, je n'en aurai plus pour moi. File ! » dit le garçon, en mâchant avec gourmandise. Peu de temps après, il se blessa à la jambe et rentra en boitant.

« À mon tour », dit Bêta, le matin suivant.

« Toi ? Ha, ha ! » Toute la famille se tordit de rire. Pourtant, il s'en alla en forêt puisqu'il n'y avait personne d'autre pour travailler à sa place.

Bêta n'avait eu droit qu'à un peu de pain et d'eau. Quand le petit vieillard apparut et demanda à manger, Bêta lui répondit : « Bien sûr, partageons ce que j'ai.

– Merci », répondit le vieil homme. Avant de disparaître, il ajouta : « Ta récompense se trouve dans le prochain arbre que tu abattras. »

Bêta se remit au travail. Soudain, nichée dans le tronc, il trouva une oie aux plumes d'or.

Bêta la mit sur le côté et continua de couper du bois. Au crépuscule, il prit l'oie et se rendit dans une auberge proche pour passer la nuit.

La fille aînée de l'aubergiste repéra l'oie, dont les plumes dorées scintillaient, et mit ses deux sœurs dans la confidence.

Aux premières lueurs de l'aurore, les trois sœurs se faufilèrent dans la chambre de Bêta. L'aînée s'apprêta à arracher une plume, mais, à l'instant où elle toucha l'oiseau, elle resta collée. Affolées, ses sœurs tentèrent de la dégager et restèrent collées elles aussi.

Bêta, réveillé par leurs cris, eut beau tordre son oie en tous sens, rien n'y fit. Paniqué, il sortit de la chambre en courant, suivi des trois sœurs qui criaient, toujours attachées les unes aux autres et à l'oie.

« Où pensez-vous donc aller comme ça ? » s'écria leur mère. Elle saisit la plus jeune et aussitôt, resta collée elle aussi.

« STOP ! » cria l'aubergiste, en saisissant sa femme. Ce fut ainsi qu'une longue file de gens traversa la rue du village. Il y avait Bêta, qui tenait l'oie d'or, puis les trois filles, la femme de l'aubergiste et l'aubergiste lui-même. Tous ensemble ils couraient vers le château.

Ce château était la demeure d'une princesse qui passait pour être la plus sérieuse du monde. Elle n'avait même jamais souri ou ri de toute sa vie. Son père, le roi, en était si malheureux qu'il avait proclamé une nouvelle loi : « Celui qui fera rire ma fille l'épousera et héritera du royaume. »

Or, à cet instant, la princesse regardait justement par la fenêtre du château. Elle vit Bêta, l'oie d'or et tous les autres, en file indienne, gesticulants, hurlants et trébuchants. La commissure de ses lèvres se mit à trembloter… puis une ébauche de sourire se dessina… enfin, un gros, gros rire s'échappa de sa bouche.

« Épouse-la ! ordonna le roi à Bêta.

– Avec joie », accepta Bêta, époustouflé par la beauté de la princesse.

Alors qu'il parlait ainsi, le petit vieillard apparut et il libéra tout le monde. Le mariage eut lieu sur-le-champ et la fête fut grandiose.

À la mort du roi, Bêta hérita du royaume et, en dépit des mauvaises langues, il fut un monarque apprécié pour sa sagesse.

# La Reine des neiges

Il était une fois un sorcier cruel qui avait fabriqué un miroir. Un miroir magique ! Ainsi, tout ce qui était bien et beau paraissait odieux et laid. Il en était très fier et courait partout en levant haut le miroir pour mieux l'admirer… jusqu'au moment où il le lâcha.

Le miroir tomba sur le sol et se fracassa en mille morceaux pas plus gros que des grains de sable. Les fragments pénétrèrent dans les yeux des gens et s'y logèrent, tant et si bien que le monde, déformé, leur devint un endroit sinistre.

Parfois, les fragments se frayaient même un chemin jusqu'à leur cœur, qu'ils transformaient en glaçon.

Cela faisait hurler de rire le sorcier. Il riait tant que son souffle maudit souleva encore d'autres fragments de glace et… écoutez attentivement la suite.

Dans une grande ville, où les habitations s'entassaient pêle-mêle, vivaient deux enfants, Gerda et Kay. Ils s'aimaient comme frère et sœur. En été, ils jouaient ensemble sur les toits ou s'entretenaient des heures entières par-dessus les roses des jardinières installées sur le rebord de leurs deux fenêtres. L'hiver, chez Gerda, ils se serraient l'un contre l'autre pendant que la grand-mère de la fillette leur racontait des histoires sur la Reine des neiges.

« La nuit, elle parcourt les rues en traîneau et son regard pénétrant transforme en glace tout ce qu'il croise », disait-elle.

Un soir, alors que Kay était chez lui et regardait par la fenêtre, son œil fut attiré par un flocon qui grossissait, grandissait et finit par se transformer en femme. Elle était belle, mais ses traits étaient sévères, et surtout, elle semblait faite d'un bloc de glace étincelante. Elle fit signe à Kay ; celui-ci, effrayé, se détourna.

Enfin, le printemps succéda à l'hiver, puis ce fut l'été, et les roses s'épanouirent. Mais, alors que Kay et Gerda admiraient les fleurs, le garçonnet s'écria soudain : « Oh ! mon cœur me fait si mal… et j'ai quelque chose dans l'œil. »

Des fragments de glace provenant du miroir brisé avaient transpercé son œil et s'étaient logés dans son cœur.

« Je crois que c'est parti, maintenant », dit Kay.

Comme il se trompait ! « Regarde cette rose, dit-il, d'un ton méchant, elle est vraiment laide. Ha ! elle est aussi laide que toi, Gerda. » Puis il piétina les fleurs et s'enfuit en courant.

Tout l'été, il ne put s'empêcher de taquiner son amie et de se moquer d'elle. Quand l'hiver revint, il refusa de s'asseoir près du feu pour écouter les histoires de la grand-mère. Il préférait sauter sur sa luge et glisser dans le parc.

Un jour, il vit un immense traîneau blanc filer sur la glace. Il attacha sa luge à l'arrière et se laissa tirer au-delà de la ville, loin, dans la neige virevoltante.

Quand le traîneau s'arrêta enfin et que le conducteur en descendit, Kay vit que c'était la Reine des neiges. Elle était grande et mince, et vêtue d'un manteau et d'une toque d'une blancheur immaculée.

La Reine des neiges attira Kay dans ses bras et l'embrassa sur la joue. Son baiser était glacial. Elle embrassa son autre joue et il oublia Gerda, la grand-mère et sa maison.

En ville, personne ne savait où était passé le jeune garçon. Malgré ses moqueries, il manquait terriblement à Gerda. À la fin de l'hiver, elle enfila ses chaussures rouges et descendit à la rivière.

« As-tu vu Kay ? demanda-t-elle à l'eau. Si je te donne mes beaux souliers rouges, me conduiras-tu à lui ? » Des rides couvrirent la surface en signe d'acquiescement, alors elle lança ses souliers, mais ils lui revinrent en flottant.

« Je ne les ai pas jetés assez loin », pensa Gerda, en grimpant dans une barque, rangée au bord.

Dans sa hâte, elle ne s'aperçut pas que le bateau

n'était pas amarré. Elle fut emportée par le courant et dériva au fil de l'eau, consciente qu'elle ne pouvait plus revenir en arrière.

Au crépuscule, la rivière l'avait emportée vers une chaumière aux fenêtres rouges et bleues. Du jardin, une vieille femme lui tendit quelques roses, puis agrippa le rebord du bateau de sa canne.

« Ma pauvre enfant ! s'écria-t-elle. Qui es-tu et comment es-tu arrivée ici ? »

Gerda raconta son son histoire. La femme n'avait pas vu Kay. Elle lui offrit des cerises juteuses, puis sortit de sa poche un peigne en or. Alors, au fur et à mesure qu'elle lissait les cheveux de la fillette, les souvenirs s'effaçaient de la mémoire de Gerda.

La vieille femme n'était pas méchante, mais elle avait tant souhaité avoir une petite fille auprès d'elle.

Pour être sûre que la fillette ne gardât aucun souvenir des roses de sa maison, elle fit disparaître dans le sol toutes celles qui poussaient aux alentours.

Ainsi, le temps passa dans l'oubli de Kay, et bientôt l'été s'acheva. Pourtant, un jour, Gerda remarqua une rose peinte sur le chapeau de paille de la vieille femme.

Ses souvenirs lui revinrent brusquement en mémoire. « Depuis combien de temps suis-je ici ? » s'écria-t-elle en fondant en larmes. Une à une, en tombant sur le sol, les larmes ramenèrent à la vie les roses enterrées.

Gerda s'agenouilla près des fleurs et demanda : « Croyez-vous que Kay est mort ? »

Les roses secouèrent leurs pétales. « Il est vivant. Nous avons été sous la terre, là où vont tous les morts, et il n'y était pas.

– Je dois partir à sa recherche ! » s'exclama Gerda.

Elle sortit précipitamment du jardin et retrouva le monde. L'été touchait à sa fin ; les arbres perdaient leurs feuilles. Gerda marcha tant que ses pieds en furent meurtris. Sa quête semblait si longue que la fillette se pelotonna sur le sol et fondit en larmes.

« Pourquoi es-tu triste, petite fille ? » croassa un corbeau perché sur un arbre.

Gerda lui raconta son histoire. L'oiseau, excité, hocha la tête. « J'ai vu Kay ! J'ai vu Kay ! Il est sous le charme d'une princesse !

– S'il te plaît, conduis-moi vers lui, l'implora Gerda.

– Suis-moi », l'invita le corbeau.

Gerda, dont le cœur battait à tout rompre, arriva devant un palais.

Ses pas résonnèrent à travers un immense vestibule. Elle s'arrêta soudain et souffla : « J'ai l'impression que nous sommes suivis. » Au même instant, des ombres passèrent précipitamment le long du mur.

« Ce ne sont que des rêves », dit le corbeau.

Enfin, ils atteignirent la chambre à coucher royale. En guise de lits, deux fleurs géantes se balançaient, suspendues à un plafond en forme de palmier aux feuilles de verre. Dans la première reposait la princesse, profondément endormie, et dans la seconde…

Gerda appela Kay. Un jeune homme s'éveilla, tourna la tête et… ce n'était pas Kay.

Gerda sanglota, ce qui réveilla la princesse.

« Qui vient troubler mon sommeil ? »

Gerda raconta son histoire. Le prince lui offrit son lit pour la nuit et, au matin, un carrosse en or lui permit de continuer son voyage.

À la tombée du jour, le carrosse, brillant de mille feux, pénétra dans une forêt profonde. Il attira la convoitise d'une bande de brigands, qui se précipitèrent en hurlant : « De l'or ! De l'or ! »

Mais, tandis qu'ils tiraient Gerda hors du carrosse, une jeune voleuse les arrêta. « Laissez-la ! » ordonna-t-elle, et elle conduisit le carrosse jusqu'à leur repaire, un château juché sur un piton rocheux.

Cette nuit-là, alors que Gerda ne trouvait pas le sommeil, quelques pigeons volèrent vers elle en roucoulant. « Rou, rou ! Nous avons vu Kay. Il était dans le traîneau de la Reine des neiges, en route pour la Laponie.

– Est-ce loin ? demanda-t-elle.

– Ba, le renne de la fille du brigand, le saura », répondirent-ils.

Au petit matin, Gerda réveilla la fille du brigand et la supplia de la laisser partir. Celle-ci leva le menton et concéda avec hauteur : « J'accepte, tu es libre, dit-elle, Ba te conduira. »

Gerda enfourcha le renne. « Adieu ! » fit-elle, comme l'animal prenait de la vitesse et s'élançait aussi vite qu'il le pouvait au-dessus des buissons et des ronciers, à travers les grands bois et les landes. Ils filèrent ainsi jusqu'au pays glacé de la Reine des neiges, dans l'extrême Nord.

Ba déposa Gerda au pied du palais de la Reine des neiges. « Je ne peux pas aller plus avant, expliqua-t-il, mais tu es bonne, douce et innocente. Tu n'as plus besoin de moi. »

Gerda se mit à courir à toutes jambes.

Des flocons de neige, démesurés et animés d'une vie propre, tourbillonnaient sauvagement autour d'elle, car ils étaient chargés de protéger la Reine des neiges.

Ils prirent des formes fantastiques et terrifiantes : serpents sifflants, ours féroces et hérissons aux piquants acérés. Gerda hurlait de frayeur, mais jamais elle ne recula. En passant ses lèvres, son souffle embrumé engendra des anges protecteurs qui attaquèrent les terribles gardiens du royaume.

N'écoutant que son courage, Gerda se hâta vers le palais, dont les murs étaient faits de neige, et lutta pour franchir ses portes de vents mordants, qui tourbillonnaient autour d'elle.

Une fois dans la place, elle traversa, hagarde, des salles vides et sans fin, éclairées par des aurores boréales. Ce fut là, au milieu du palais, sur un lac gelé, qu'elle trouva Kay. Il était assis, immobile… comme frigorifié.

« Kay ! » appela-t-elle, en courant vers lui. Elle le prit dans ses bras et pleura. Ses larmes chaudes roulèrent sur la poitrine du jeune garçon. Elles se frayèrent un chemin jusqu'à son cœur, dégelant ainsi le fragment de glace.

Gerda lui parla de leurs maisons. À ces mots, les yeux de Kay s'emplirent de larmes. Son cœur fondit et ses pleurs balayèrent le dernier éclat de glace.

« Oh ! Gerda ! s'écria-t-il. Est-ce bien toi ? »

Gerda le serra fort et sanglota, de joie cette fois.

« Comme il fait froid ici, fit Kay. Comme tout est vide et glacial ! »

Gerda embrassa les yeux de son ami, qui se mirent à briller du même éclat que les siens.

« Dépêchons-nous, dit Kay. Nous devons partir avant le retour de la Reine des neiges. »

Main dans la main, ils se précipitèrent hors du palais en riant d'un cœur léger.

Ba les attendait pour les conduire chez eux. Enfin ils purent retrouver les bras chaleureux de la grand-mère de Gerda.

« C'est un vrai conte de fées », confia-t-elle, comblée, aux enfants. Dans la jardinière, les roses inclinèrent leurs corolles, en signe d'approbation.

# *Fin*

*Rédaction :* Lesley Sims *Maquette :* Sam Chandler
*Avec la collaboration de :* Caroline Day, Holly Lamont, Russell Punter, Alice Reese et Caroline Spatz
*Maquette de la couverture et illustration :* Nancy Leschnikoff
*Images numériques :* Nick Wakeford et Mike Olley